Theodor Lindner

Die sogenannten Schenkungen Pippins, Karls des Grossen, und

Ottos I. an die Päpste

Theodor Lindner

Die sogenannten Schenkungen Pippins, Karls des Grossen, und Ottos I. an die Päpste

ISBN/EAN: 9783743444911

Hergestellt in Europa, USA, Kanada, Australien, Japan

Cover: Foto ©ninafisch / pixelio.de

Manufactured and distributed by brebook publishing software (www.brebook.com)

Theodor Lindner

Die sogenannten Schenkungen Pippins, Karls des Grossen, und Ottos I. an die Päpste

DIE

SOGENANNTEN SCHENKUNGEN

PIPPINS,
KARLS DES GROSSEN UND OTTOS I.

AN DIE PÄPSTE.

VON

THEODOR LINDNER.

STUTTGART 1896.
VERLAG DER J. G. COTTA'SCHEN BUCHHANDLUNG
NACHFOLGER.

Druck der Union Deutsche Verlagsgesellschaft in Stuttgart.

Inhalt.

	Seite
Erster Abschnitt. Die Streitfrage und ihre Ueberlieferung	5
Zweiter Abschnitt. Istius Italiae provinciae. — Donatio. — Respublica Romanorum	12
Dritter Abschnitt. Das Papstbuch und die anderen Geschichtschreiber über die Ereignisse bis zum Pontifikat Hadrians	24
Vierter Abschnitt. Die Papstbriefe bis 774	33
Fünfter Abschnitt. Karl und Hadrian nach dem Papstbuch und den Briefen	43
Sechster Abschnitt. Das Ludovicianum. Die Ergebnisse	60
Siebenter Abschnitt. Karls Urkunde von 774	67
Achter Abschnitt. Das Ottonianum	90

Erster Abschnitt.

Die Streitfrage und ihre Ueberlieferung.

Engelbert Mühlbacher sagt in seiner Deutschen Geschichte unter den Karolingern I, 62: „In jüngster Zeit ist über die Schenkungen der Karolinger an die römische Kirche manches tiefe Tintenfass trocken geschrieben worden und eine sehr umfangreiche Litteratur entstanden, die mit dem vollen Aufgebot von Scharfsinn und Gelehrsamkeit verficht, was die einen bestreiten, und bestreitet, was die anderen verfechten." In der That gibt es wohl keine kritische Frage auf dem Gebiete des Mittelalters, die ein gleich lebhaftes Interesse erweckt hat und so viel behandelt und so verschiedenfach gedeutet worden ist. Dennoch kommt der Streit nicht zur Ruhe, weil bisher keine Lösung allgemeine Zustimmung gefunden hat. Wenn ich es gleichwohl unternommen habe, die Sache zu erörtern, so bestimmten mich dazu mehrere Gründe. Einmal übt jede schwierige, verwickelte Frage auf den Forscher eine magnetische Anziehungskraft aus. Wiederholt habe ich daher im Laufe der Jahre versucht, mir Klarheit über Hergang und Inhalt der Schenkungen zu verschaffen. Lange Zeit wollte es mir nicht gelingen, eine feste Ansicht zu gewinnen; immer wieder schob ich die Untersuchung mit einem missmutigen „Non liquet" zur Seite, und dennoch sah ich mich ausser stande, eine der von den anderen Forschern aufgestellten Meinungen als vollkommen richtig anzuerkennen. Schon der Wunsch, in den Vorlesungen meinen Zuhörern eine selbständige Ansicht übermitteln zu können, bewog mich trotz dessen nicht abzulassen, bis ich glaubte, den Ariadnefaden durch das Labyrinth zu finden. Ich würde ihn jedoch kaum vor der Oeffentlichkeit abgesponnen haben, wenn nicht ein gewisser Zwang eingetreten wäre. Ich kann in der „Allgemeinen Geschichte seit der Völkerwanderung", mit der ich beschäftigt bin, unmöglich an so hervorragenden Ereignissen still vorübergehen. Gebe ich dort nur kurzerhand die Meinung, die ich mir gebildet habe, so wird der Widerspruch erst recht hervorgerufen; an jenem Ort mich ausführlich zu rechtfertigen, verbieten Plan und Anlage des Werkes. So blieb nichts übrig, als mich in besonderer Schrift an die Fachgelehrten zu wenden.

Ich thue es nach meiner Gewohnheit, indem ich den Ballast früherer Untersuchungen liegen lasse. Sind meine Behauptungen richtig, so widerlegen sie die entgegenstehenden von selbst, ohne dass ein langes Reden nötig ist. Wozu den lästigen Staub des Abreissens aufwirbeln, der doch häufig lediglich dazu dient, die Augen des Zuschauers zu trüben? Nur die neuesten Abhandlungen und diejenigen Aufstellungen, welche von grundsätzlicher, aufbauender Bedeutung sind, sollen ausführlicher herangezogen werden.

Die ältere Litteratur über die karolingischen Schenkungen ist verzeichnet und besprochen von Oelsner: Jahrbücher des fränkischen Reiches unter König Pippin, 129 ff., und von Simson: Jahrbücher des fränkischen Reiches unter Karl dem Grossen von Sigurd Abel, zweite Auflage I, 156 ff. Eine gute Uebersicht des gegenwärtigen Standes gibt Paul Kehr in Sybels Historischer Zeitschrift 1893, LXX, 388 f. in seiner Abhandlung: Die sogenannte karolingische Schenkung von 774. Seitdem sind noch erschienen ein Aufsatz von Schaube: Zur Verständigung über das Schenkungsversprechen von Quierzy und Rom, in Sybels Historischer Zeitschrift 1894, LXXII, 193 f., dann von Dove: Corsica und Sardinien in den Schenkungen an die Päpste, in den Sitzungsberichten der philosophisch-historischen Klasse der Akademie zu München, Jahrgang 1894, 183 ff., ferner die Schrift von Gustav Schnürer: Die Entstehung des Kirchenstaates (Köln 1894) und eine Abhandlung von Wilhelm Sickel: Die Verträge der Päpste mit den Karolingern, in der Deutschen Zeitschrift für Geschichtswissenschaft 1894, XI, XII. Endlich hat soeben Ernst Sackur in den Mitteilungen des Instituts für Oesterreichische Geschichtsforschung XVI, 1 ff. über „Die Promissio Pippins vom Jahre 754 und ihre Erneuerung durch Karl den Grossen" geschrieben. Das Interesse an der Frage hat also nicht nachgelassen.

Die Originalurkunden über die Verleihungen Pippins und Karls an die Päpste sind verloren, auch Abschriften nicht vorhanden. Wir werden aber über ihren Inhalt unterrichtet durch die Biographen der Päpste Stephan II. und Hadrian I. Namentlich der des letzteren gibt einen ausführlichen Bericht über Karls Anwesenheit in Rom, über die Umstände, unter denen er seine Urkunde für den Papst ausstellen liess, und über das in ihr Enthaltene. Leider ist sein Bericht eben die Quelle allen Streites. Doch sind wir nicht auf ihn allein angewiesen. Wir besitzen vielmehr über die Vorgänge einen ungewöhnlich reichen Quellenstoff, der viel umfassender ist, als die Nachrichten über andere schwierige Streitfragen des Mittelalters. Die Mitteilungen in den gleichzeitigen karolingischen Geschichtsschreiben sind allerdings ziemlich dürftig und unzulänglich. Allein jene päpstlichen Biographen bringen ausser den oben erwähnten Stellen auch ausführliche Erzählungen über die gesamten Geschehnisse, welche den Schenkungen vorangingen oder sie begleiteten. Ihre Aufzeichnungen sind enthalten in dem Liber pontificalis, der grossen Biographiensammlung der Päpste, zuletzt in zwei Bänden herausgegeben von L. Duchesne, Paris 1886 und 1892. Und wenn auch die Urkunden der beiden Frankenherrscher nicht auf uns gekommen sind, so kennen wir zwei andere spätere, welche sich auf sie berufen, das Ludovicianum, das Privileg Kaiser Ludwigs des Frommen von 817, und das Ottonianum, das Privileg Ottos des Grossen von 962.

Doch es steht uns noch ganz anderes Material zur Verfügung. Wie selten sind wir für diese frühen Zeiten in der Lage, ausser den Nachrichten der Schriftsteller auch noch eine umfangreiche briefliche Ueberlieferung benutzen zu dürfen! Das sind die päpstlichen Briefe, welche Karl der Grosse selbst sammeln liess in dem Codex Carolinus, jetzt neu herausgegeben von W. Gundlach in den Mon. Germ. hist. Epistolae Merowingici et Karolini aevi I.

Dennoch hat sich ein wahres Meer von Zweifeln durch die Geschichtsforschung ergossen. Abgesehen von vielfältigen abweichenden Deutungen und Auslegungen der Quellenstellen ist Fälschung in ausgedehntem Massstabe angenommen worden. Nicht allein die beiden Diplome Ludwigs und Ottos erschienen so verdächtig, dass sie lange Zeit fast allgemein für vollkommen unecht galten, auch in dem Papstbuche erklärte man namentlich die Stelle über die Schenkung Karls des Grossen von 774 entweder für ganz untergeschoben oder für teilweise interpoliert. Nicht genug, dass somit nachträgliche Unredlichkeit behauptet wurde, auch gleichzeitiger Betrug, sogar der eigenen Beamten Karls, sollte im Spiele sein. Ich komme später auf diese Fragen, soweit es nötig ist, zurück und will hier nur meine grundsätzliche Stellung zu der so häufigen Annahme von Fälschungen bezeichnen.

Wer wollte leugnen, dass sich das Mittelalter vieler und arger Fälschungen schuldig gemacht hat? Es wäre überflüssig, auch nur einige der zuverlässig festgestellten zu nennen. Gleichwohl muss ich bekennen, dass ich mich sehr ungern entschliesse, an Fälschung zu denken. Genug Fälle liegen vor, in denen schliesslich die Echtheit lange beargwöhnter, ja allgemein verworfener Stellen oder Urkunden unzweifelhaft an den Tag getreten ist. Nicht selten rührte der Einspruch weniger aus wirklich kritischen, als aus anderen, selbst modern politischen Gründen her. Man mochte nicht glauben, dass etwa ein Herrscher sich zu dem oder jenem, für unsere Zeit unbegreiflichen Schritte entschlossen hätte. Solche subjektive Auffassungen verschleiern leicht die geschichtliche Wahrheit, statt sie zu enthüllen. Der Forscher soll sich erst bemühen, Merkwürdiges vergangener Zeiten aus ihnen heraus zu begreifen, ehe er mit einseitigem Gutdünken ihm missliebige Züge kurzerhand, wie Kreidestriche mit dem Schwamm, wegwischt. Wie jeder vorsichtige Naturforscher erst dann einen Satz aufstellt, wenn mindestens die sehr grosse Mehrzahl der Experimente ihn bestätigt hat, so muss auch der Geschichtsforscher verfahren. Deswegen halte ich die Vermutung einer Fälschung, solange es irgend geht, von mir fern, und fordere erst zwingenden Beweis, ehe ich eine solche zugebe. Nicht die Echtheit, sondern die Unechtheit muss überzeugend dargethan werden. Nicht darf man, wie es oft geschieht, den Zweifel aussprechen, und dann von der Verteidigung verlangen, dass sie ihn zurückweist. Widerlegen ist bekanntlich sehr viel schwerer, als behaupten. Wer angreift, muss seine Beschuldigungen triftig begründen und nicht dem Beleidigten überlassen, sich zu reinigen. Welch wunderbare Blüten hat die Neigung, Fälschungen zu wittern, getrieben! Auch unser Fall zeugt davon.

Meine Untersuchung schlägt einen andern Gang ein, als die früheren. Es gibt kein besseres Mittel, eine schwierige Verflechtung zu erkennen, als zu prüfen, wie sie sich gebildet hat. Im vorliegenden Fall ist die Entstehungsgeschichte freilich nur kurz, während bei den Königswahlen sich ihr Verlauf lange Jahrhunderte hindurch verfolgen liess. Nur muss man sich hüten, dem Endziele über Stock und Stein nachzujagen. Der Forscher soll vielmehr der von den Quellen gegebenen Bahn folgen, sich von ihnen führen lassen, nicht selber einen Pfad erzwingen wollen. Ganz voraussetzungslos mag er beobachten, das Vorgefundene feststellen; man muss sich mit Gewalt zwingen, nicht an das bekannte Endergebnis zu denken. Von den Anfängen aus ist zum Schluss zu gelangen, nicht umgekehrt; nicht rückwärts von oben, sondern vorwärts von unten ergibt sich der richtige und wirkliche Weg am besten. Es thut nichts, wenn wir auch langsam zum Ziele kommen.

Das Verfahren soll demnach induktiv, nicht deduktiv sein. Es darf nicht ausgehen von der Vorstellung, die sich der Forscher anderweitig von den damaligen Zuständen und dem Charakter der handelnden Personen gebildet hat, denn er bindet damit gleich seine Marschlinie. Ist jene Stelle im Papstbuch zweifelhaft, gut, dann lassen wir sie vollkommen beiseite und sehen lieber, was wir ohne sie wissen können! Der reiche Schatz der Papstbriefe ist unsere wichtigste Quelle, der wir Schritt für Schritt folgen werden. Er muss das Fundament bilden, auf dem sich die ganze Forschung aufbaut. Zum Glück ist es noch niemandem eingefallen, auch diese Briefe in ihrer Echtheit zu bezweifeln oder einzelne Stellen als falsch anzutasten. Daneben darf die Erzählung des Papstbuches über die vorhergegangenen Ereignisse verwertet werden, denn wenn sie auch als parteiisch gilt, ist sie nicht als unecht oder interpoliert verworfen worden. Wir wollen gleichsam militärisch verfahren, indem wir das feindliche Zentrum, eben jenen Bericht über Karls Urkunde von 774, vorderhand ganz unangetastet lassen. Wir müssen erst die Flanken umgehen und dann von rückwärts auf die Mitte stossen, um sie zu sprengen. Diese Flanken sind der Codex Carolinus und die sonstigen Quellenzeugnisse.

Zum bessern Verständnis schicke ich eine kurze Uebersicht des geschichtlichen Herganges voraus, soweit sie sich geben lässt, ohne die grundsätzliche Frage zu berühren. Der Bilderstreit hatte die politische Verbindung Roms und des Papsttums mit dem byzantinischen Reiche stark gelockert, sogar fast aufgehoben; die Päpste suchten bereits zeitweilig einen Schutz gegen die Gewalt der griechischen Kaiser. Zugleich strebte der langobardische König Luitprand mit aller Macht und mit Erfolg, den byzantinischen Besitz in Mittelitalien zu erobern. Dadurch geriet er gelegentlich in Zwist mit den Päpsten, denen die Ausdehnung der langobardischen Herrschaft höchst gefährlich war, doch der König fügte sich meist ihrem geistlichen Uebergewicht und schenkte ihnen sogar einige Städte. Trotz dessen hielt es Gregor III. für angezeigt, die Hilfe Karl Martells anzurufen; ehe jedoch sein Gesuch Folgen hatte, starben 741 der Papst und der fränkische Majordomus, denen 744 der langobardische König ins Grab folgte. Sein Nachfolger Aistulf eroberte 751 den Exarchat und die Pentapolis, und mitten in diesen Aengsten starb 752 Papst Zacharias, nachdem er kurz vorher die von Pippin und den Franken beabsichtigte und nachher vollzogene Beseitigung des merowingischen Königtums gebilligt hatte. Als Papst Stephan II. von dem griechischen Kaiser, an den er sich nochmals gewandt hatte, nichts erreichte, ging er über die Alpen zu König Pippin, der ihn im Januar 754 in Ponthion feierlich empfing. Der Papst erhielt im Frankenreiche die Zusage des Beistands, — in welcher Form, ist hier nicht zu untersuchen —, den auch Pippin leistete, indem er noch in demselben Jahre nach Italien zog und die Langobarden besiegte. Aistulf trat im Friedensschlusse eine Anzahl Städte ab, die er jedoch, da

Pippin heimgezogen war, dem Papste nicht übergab. Darüber entbrannte eine so heftige Feindschaft, dass Aistulf Anfang 756 zwei Monate lang die Stadt Rom belagerte. Auf die dringenden Bitten des Papstes erschien bald darauf Pippin nochmals mit Heeresmacht und nötigte Aistulf, thatsächlich die Städte Stephan einzuräumen. Aistulf starb bald, und ihm folgte mit Hilfe des Papstes Desiderius als König. Stephan II. verschied 757. Sein Nachfolger Paul I., der mit Desiderius in Streit geriet, wandte sich wiederum an Pippin, aber der Frankenherrscher kam nicht mehr nach Italien und starb im September 768. Stephan III., der kurz vorher den Pontifikat angetreten hatte, gab sich alle Mühe, die Söhne Pippins, Karlmann und Karl, mit den Langobarden zu verfeinden; doch erst unter seinem Nachfolger Hadrian I. brach offener Krieg zwischen Desiderius und Karl aus. Der fränkische König schloss im Herbste 773 den Langobarden in Pavia ein und erschien, während dieser noch Widerstand leistete, im April 774 in Rom. Dort stellte Karl für den Papst jene Urkunde aus, deren Inhalt der Liber pontificalis berichtet. Doch ehe wir Papstbuch und Briefwechsel in Angriff nehmen, sind erst die Vorpostenstellungen aufzuklären. Es handelt sich bei ihnen um einige Worte und Begriffe, deren Bedeutung festgestellt werden muss.

Zweiter Abschnitt.
Istius Italiae provinciae. Donatio. Respublica Romanorum.

In neuester Zeit hat die Forschungsmethode eine Vertiefung erfahren, indem sie dem Sprachgebrauch von Schriftstellern und Urkunden grosse Aufmerksamkeit schenkt und aus ihm Schlüsse zu ziehen sucht. Obgleich dabei die Gefahr naheliegt, dass man das Gras wachsen hören will, sind doch auch wertvolle Ergebnisse erzielt worden. Oft freilich geht die Sorgfalt zu weit, indem sie einen unfruchtbaren Acker bestellt. Gerade die Quellen, mit denen wir es hier zu thun haben, verführen leicht zu solcher Müheverschwendung. Ihr Latein ist so roh, dass es vielfach der Grammatik Hohn spricht. Wer also über Kasusendungen, Präpositionen u. dergl. grübeln und daraus den Sinn der Sätze erläutern will, der sucht aus Häckerling Gold zu machen. Etwas anderes ist es, die Bedeutung, in der einzelne wichtige Worte oder Wortverbindungen gebraucht werden, festzustellen.

An der Stelle des Papstbuches über Karls Urkundung, die uns in ihrer Gesamtheit erst im siebenten Abschnitt beschäftigen kann, stehen die Worte „Istius Italiae provinciae".

Diese Worte haben in neuerer Zeit mehrfach die Auslegungskunst der Forscher beschäftigt. Namentlich Scheffer-Boichorst hat nach dem Vorgange von Thelen seine Darlegung hauptsächlich auf den vermeintlichen Beweis aufgebaut, dass „diese Provinz Italien der Länderkomplex ist, der einst unter dem Exarchen von Ravenna stand, d. h. also der Exarchat von Ravenna selbst und der Dukat von Rom" [1]). Simson meint allerdings, der Nachweis stosse auf Schwierigkeiten; nach einigen Stellen scheine der betreffende Ausdruck noch eine weitere Bedeutung zu haben, doch sei er jedenfalls identisch mit dem, was die Päpste damals auch respublica Romanorum nannten, im Gegensatz zum langobardischen Italien [2]). Kehr (S. 400 ff.) erhob Widerspruch gegen Scheffer-Boichorst: Ohne Zweifel gelte der Ausspruch ursprünglich nur byzantinischem Gebiete, aber keineswegs könne er als eine jene beiden Gebiete umfassende, ausschliesslich und spezifisch technische Bezeichnung angesehen werden; eine Gegenüberstellung der Belege dieser provincia Italia zeige durchaus die schwankende Anwendung. In einer Anmerkung erklärt Kehr im Einverständnis mit Simson als zur Evidenz erwiesen, dass unter der Provinz Italien das byzantinische Italien im Gegensatz zum langobardischen zu verstehen sei, aber neben diesem weiteren Begriffe scheine seit der Mitte des achten Jahrhunderts ein engerer einherzugehen, indem ista Italia für den Exarchat von Ravenna allein mit Ausschluss des Dukats von Rom gebraucht werde. Schaube (S. 204) dagegen erklärt mit aller Entschiedenheit: „Unwiderleglich hat Scheffer-Boichorst nachgewiesen, dass der Ausdruck ista Italia provincia nur auf den byzantinischen Teil von Italien, speciell den Exarchat von Ravenna und den Dukat von Rom bezogen werden kann." Auch Sackur (S. 3) tritt Scheffer-Boichorst durchaus bei und bemerkt gegen Dove, der treffende Einwendungen gemacht hatte: „Alle Versuche, die Bezeichnung ista Italia provincia anders als das damalige oströmische Italien zu deuten, sind nichts als Notbehelfe."

Die Frage bedarf, weil sie von höchster Wichtigkeit ist, allseitiger Erwägung, mag auch die Untersuchung kleinlich und ermüdend erscheinen.

Selbstverständlich hat der gemeine Brauch unter Italia nach wie vor dasselbe verstanden, wie in der letzten Zeit des römischen Kaisertums, nämlich die gesamte Halbinsel. Paulus

---

[1]) Pippins und Karls des Grossen Schenkungsversprechen, in Mitteil. des Instituts für österreichische Geschichtsforschung V, 201.

[2]) Jahrbücher I, 156 Anm. 4.

(Diaconus) teilt sie nach einer älteren Vorlage in dreizehn Provinzen. Italien ist also in erster Stelle ein allgemein bekannter und feststehender Begriff. Unter ihn fallen selbstverständlich auch die Länder, die zum ganzen gehören, sobald sie nicht besonders bezeichnet werden, gerade wie heutzutage etwa ein Ausländer in Deutschland reist, mag er sich in Preussen oder in Bayern oder sonst wo aufhalten. Daher ist es nicht verwunderlich, wenn die Byzantiner ihren Besitz auf der Halbinsel mit dem Gesamtnamen Italien bezeichneten, obgleich sie nicht das ganze beherrschten. Einmal liessen sie die Ansprüche auf die gesamte Halbinsel, wie sie ihnen einst gehört hatte, nicht fallen; so schreiben im Liber diurnus [1]) 54 die Römer an den Exarchen, sie wollten beten: de restituta plenius Romani imperii prisca ditione. Ausserdem ist es stets üblich gewesen, auch einen Teil eines grossen Landgebietes mit dem Gesamtnamen zu bezeichnen. Wie viele Fürsten nennen sich noch heute Herzöge von Sachsen, obgleich keiner von ihnen das alte Herzogtum ganz inne hat; wir sprechen von Elsass-Lothringen, obgleich nur ein Teil des letztern uns gehört. Nirgends findet sich Italien in Gegensatz gestellt zum langobardischen Reiche.

Demnach ist aus dem Umstande, dass die Exarchen von Ravenna auch Exarchen von Italien hiessen [2]), keineswegs der Schluss zu ziehen, Italia habe spezifisch und ausschliesslich den byzantinisch gebliebenen Anteil bezeichnet, etwa gar im bestimmten Gegensatz zu den langobardisch gewordenen Ländern. Diese lagen so gut wie jene in Italien und fielen ebenfalls in den Bereich des Gesamtnamens. Die Exarchen geboten über alle Stücke Italiens, die den Byzantinern geblieben waren. Daher kann das Papstbuch sagen, ein Exarch sei geschickt worden ad regendam omnem Italiam (337, 7).

Auch sonst ist öfters von Italien die Rede. Im Liber diurnus sprechen einmal die Römer dem Exarchen die Ueberzeugung aus, das Gebet des Papstes werde dem Imperium Romanum nützen: vestramque a deo custodiendam potestatem

---

[1]) ed. Th. Sickel.
[2]) Liber diurnus 49, 9; 50, 10; Liber pont. I, 383, 2; 392, 17. Dazu gehört auch 403, 16: Exarchus missus in Italia.

ad dispensationem huius servilis Italiae provinciae nostrorumque omnium famulorum presidium et subventum longevis annorum mentibus conservabit [1]). Ganz ähnlich heisst es ein andermal (S. 110), die Römer flehten zum heiligen Petrus, er möge: „christianissimum Romanum a deo constitutum principatum" erhalten und „una cum fidelissimis atque fortissimis Romane reipublice Italiae exercitibus" die Feinde des Imperium niederwerfen. An beiden Stellen wird einfach neben das griechische Gesamtreich Italien als besonderer Teil gesetzt, ohne jeden engeren Nebensinn.

Ich führe noch einige Erwähnungen von Italien aus dem Papstbuche an. S. 404 wird die Erregung geschildert, welche das kaiserliche Verbot der Bilder veranlasste. Ihm widersetzen sich: omnes Pentapolenses et Venetiarum exercita; den Exarchen nicht anerkennend, „sibi omnes ubique in Italia duces elegerunt", und schliesslich beschloss „omnis Italia", einen Gegenkaiser aufzustellen. Hier ist also Italia im weiten Sinne gefasst, ganz sicher ist mindestens Venetien mit einbegriffen. In derselben Angelegenheit wendet sich später „generalitas istius provinciae Italiae" mit einer Bittschrift nach Konstantinopel (416, 20) [2]). Vom Papst Zacharias wird 426 erzählt: Hic invenit totam Italiam valde turbatam, simul et ducatum Romanum. Da in den folgenden Sätzen der Autor über die Kämpfe berichtet, durch welche der vom König Liutprand vertriebene Herzog Trasimund von Spoleto sich wieder in den Besitz seines Herzogtums setzte, wozu ihm auch die Beneventaner Beistand leisteten, ist also unter Italia auch langobardisches Gebiet eingeschlossen. Unzweifelhaft ist das

---

[1]) Liber diurnus 54; über huius — provinciae vgl. unten.
[2]) Die beiden letzteren Stellen zieht Scheffer-Boichorst 202 Anm. 7 an. Ganz richtig bemerkt er, dass diese Vorgänge sich nur auf griechischem, nicht auf langobardischem Gebiete abgespielt haben können, aber daraus folgt nicht, dass der Begriff Italien an sich nur auf griechisches Unterthanenland bezogen werden könne. Jedenfalls ist hier mehr als der Exarchat und der römische Dukat zu Italien gerechnet. Auf die schmückenden Beiwörter omnis und cuncta ist sonderliches Gewicht kaum zu legen. Beide Wörtchen und desgleichen universus werden im Liber pontificalis unzählig oft verwendet. Auf S. 495—497 z. B. stehen neunmal universus, viermal cunctis, sechzehnmal omnis.

gleiche der Fall 431, 19: universus Italiae quievit populus. Denn Liutprand war gestorben und mit ihm die Verfolgung erloschen, und darüber freuen sich Römer, Ravennaten und Langobarden.

Es könnte scheinen, als ob in der obigen Stelle (426) der Ducatus Romanus im Gegensatz stünde zu der tota Italia. Dementsprechend will Kehr 401 Anm. 2 hieraus den Beweis schöpfen, dass ista Italia provincia für den Exarchat allein mit Ausschluss des Dukats von Rom gebraucht werde. Scheffer-Boichorst 203 Anm. 4 dagegen übersetzt simul et mit „und damit denn zugleich", so dass keineswegs eine Trennung oder Gegenüberstellung beabsichtigt sei. Kehr erörtert an einer andern Stelle (414 Anm. 2) nochmals das „simulque et", um zu zeigen, es heisse „und desgleichen", als starke Kopula, welche koordinierte Begriffe verbindet; er will damit erhärten, dass die durch diese Worte verknüpften Begriffe gleichartige, nicht ineinander aufgehende sind. Gewiss hat er recht, dass simulque et nicht mehr bedeutet, als ein starkes „et" [1]), doch folgt daraus noch keineswegs ein trennender Gegensatz. Das Papstbuch will in jenen Worten nur den Ducatus als den nächstbeteiligten hervorheben, höchstens in dem verstärkenden Sinne von „insbesondere, speziell" [2]), so dass die Deutung von Scheffer-Boichorst als die richtigere erscheint. Wenn heute etwa ein Berliner sagt: „Ganz Preussen und desgleichen die Stadt Berlin freuten sich", so wäre das vielleicht nicht ganz logisch, aber niemand würde sonderlichen Anstoss daran nehmen, am wenigsten etwa folgern, dass Berlin nicht zu Preussen gehöre. Auch andere Stellen sind ähnlich aufzufassen. So bittet Papst Stephan II. den byzantinischen Kaiser, er

---

[1]) Simulque et, necnon u. dgl. gehören zum damaligen Stil, der die Häufung von Partikeln ungemein liebt, und bedeutet eben nicht viel mehr als „et". Man durchblättere nur z. B. das Verzeichnis über Hadrians Thätigkeit an den römischen Kirchen; von S. 500, 20 bis 501, 7 kommt nicht weniger als viermal simulque et vor an Stelle eines einfachen et.

[2]) So steht es auch mit einer Urkunde des Papstes Paul, über welche Scheffer-Boichorst 203 Anm. 4 spricht, gegen ihn Kehr 401 Anm. 4, dessen Konjektur videlicet überflüssig ist, obgleich auch Sackur 25 sie billigt.

möchte, wie er es „has in Italiae partes" gemeldet habe, wirklich kommen, und „hanc urbem vel cunctam Italiam provinciam" befreien (442, 14). Der Kaiser kam nicht und der Papst flehte Aistulf an: pro universo exarchato Ravennae atque cunctae istius Italiae provinciae populo (444, 4). Daher kann ich auch keinen besondern Wert legen auf die Angabe (474, 4), nach der Papst Stephan II. zu einer Synode in Rom versammelte „diversos episcopos Tusciae atque Campaniae et aliquantos istius Italiae provinciae". Kehr hat richtig bemerkt, dass unter Tuscien und der Campagna der römische Dukat zu verstehen ist[1]; die anderen Bischöfe sind also aus dem übrigen Italien. Auf S. 488 Z. 25 wird gleichfalls neben dem Ganzen ein Teil hervorgehoben, nämlich in dem Berichte, Desiderius habe die Salbung der Söhne Karlmanns verlangt, um „Romanam urbem atque cuncta Italia sub sui regni Langobardorum" Gewalt zu bringen.

Gern kann zugegeben werden, dass die Papstbiographen, wenn sie von Italien sprechen, meist die Gegenden im Auge haben, welche zu Ostrom gehörten. Das ergibt sich aus den Dingen, über die sie berichten. Nur ist zu bestreiten, dass sie unter Italien einen ganz bestimmten und klar ausgeprägten politischen Begriff verstanden, dass Italien ihnen ausschliesslich das auf der Halbinsel liegende griechische Gebiet, mit scharfer Abgrenzung gegen das langobardische, bedeutete, dass demnach Italien gleichwertig sei mit dem Exarchat oder dem Dukat, oder beiden zusammen als einheitlicher Masse.

Wie steht es nun aber, wenn ausdrücklich von der provincia Italia die Rede ist. Ist da nicht allein das unter Byzanz stehende Land gemeint? Auch das ist nicht der Fall. Denn provincia bedeutet nicht Provinz oder Verwaltungsbezirk, sondern lediglich ganz allgemein „Land". Jedenfalls lässt sich nicht zwingend das Gegenteil beweisen. So gelobt im Liber diurnus 76[2]) der neuernannte Bischof seine Kirche nicht zu verlassen „nec per diversas provincias aut civitates discurrere". So

---

[1]) 402 Anm. 2 gegen Scheffer-Boichorst.

[2]) Ebendort 56, 12 werden utilitates ad subventum provinciae exigentes simul et ad imperialem servitium respicientes zusammengestellt. Hier könnte provincia wirklich Provinz bedeuten; doch ist ebenso das allgemeine Wort Land zur Uebersetzung ausreichend.

steht auch der Plural im Papstbuche 428, wo König Liutprand die Gefangenen „ex diversis provinciis Romanorum" freilässt, also auch nur Landschaften gemeint sind. Selbst das ganze Frankenreich wird „Franciae provincia" genannt 448, 17. Gewiss wird mehrfach provincia gesagt, wo ganz Italien gemeint ist (wie 337, 9; 443, 13); aber wenn das Wort einen feststehenden Sinn einschlösse, könnte es nicht bald für den römischen Dukat, bald für Ravenna allein oder auch gelegentlich für beide zusammen gebraucht werden[1]). Auch provincia Romane dicionis oder Romanorum provincia steht gelegentlich, (420, 16; 493, 15). Für provincia wird auch gleichwertig gesagt: partes; so partes Italiae 442, 14; partes Tusciae 408, 13; partes Ravennae oder Ravennantium 405, 12; 454, 3.

Mit provincia ist also ebensowenig zu machen wie mit Italia, und auch die Verbindung beider gestattet keine sicheren Folgerungen auf bestimmte territoriale oder politische Grenzen.

Doch nun zu dem „ista", auf das so grosser Wert gelegt worden ist. Auch hier muss ich widersprechen, denn dieses Pronomen ist nichts anderes als „haec", mit dem es abwechselnd gebraucht wird[2]). So steht im Liber diurnus, um nur einen einzigen Ort aus ihm anzuführen, 50, 12 populus huius Romane urbis, und 88, 11 populus istius Romane urbis. Unendlich oft findet sich diese Wendung im Papstbuche, namentlich die Stadt Rom wird so häufig mit „haec" eingeführt, dass es überflüssig ist, dafür Belege anzuführen. Wie im Liber diurnus kommt auch hier dafür „istius" vor, so 435, 9 und 464, 19: populus istius Romanae urbis. So heisst es auch 416, 7: episcopi istius Speriae. Selbst in Zusammensetzung mit provincia wechselt haec und ista; so 444, 8 hac Romanorum provincia[3]) und gleich dahinter Z. 12 provincia ista Romanorum. Das ist der einzige Fall, den ich mir wenigstens

---

[1]) Für den Dukat allein: 403, 23; 441, 14; für Ravenna allein: 429, 9 und 431, 1; für beide zusammen 420, 16; 493, 15; 444, 8.

[2]) Auch Dove 188 hat das bemerkt, sowie dass provincia „Land überhaupt" bedeutet.

[3]) In einer Urkunde für Farfa 772 sagt Hadrian: Sive ex civitate Romana seu de diversis ceteris locis et civitatibus istius nostrae Romanorum reipublicae. Troya n. 958.

notiert habe, wo ista in einem andern Kasus als im Genitiv vorkommt; daraus zeigt sich recht deutlich, dass istius nur als sprachgebräuchlich zu fassen ist.

Wir haben es also nur mit einem Lebendigkeitsausdruck zu thun. Man kann iste wie hic etwa mit „dieses unserige", „dieses um uns liegende" übersetzen. Recht deutlich geht das aus 416, 7 hervor, wo italienische Bischöfe als episcopi huius Speriae bezeichnet werden, vgl. dazu Cod. Carol. 587, 12: in his Hesperiae partibus.

Jenes hic und iste werden demnach nur von dem örtlichen Standpunkt des Verfassers aus gesagt. Die Wörtchen sollen keinen Unterschied von einem andern Gleichartigen feststellen; so gut wie ista Roma nur die alleinige Stadt Rom und keine andere ist, so bezeichnet auch ista Italia nur schlechtweg Italien, nicht ein besonderes Italien oder einen dem übrigen entgegengestellten Teil, nicht das byzantinische Italien gegenüber dem langobardischen. Daher kann die ganze Wendung ista Italia provincia nicht in einem Rechtsgeschäfte als ein allgemeinverständlicher und einen bestimmten Sinn einschliessender juristischer terminus technicus gebraucht worden sein und am wenigsten in Urkunden gestanden haben, die ausserhalb Roms von einem Nichtrömer ausgestellt sind.

Wir haben es nur mit einer der Zeit geläufigen Ausdrucksweise, lediglich mit einer stilistischen Eigentümlichkeit zu thun, wie sie aufkommen und wieder verschwinden. Daher erklärt sich, warum diese Redeform später nicht mehr erscheint, gerade wie sie erst in der Vita Gregorii III. auftaucht. Manche Forscher haben nämlich grosses Gewicht darauf gelegt, dass 774 in jenem Bericht des Papstbuches „ista Italia provincia" zum letztenmal gesagt wird. Ohnehin kam für das Papsttum, nachdem Karl der Grosse die Verhältnisse Italiens neu gestaltet hatte, das übrige Italien für lange Zeit nicht mehr in Betracht; es wird kaum davon gesprochen. Aber die folgende Biographie, die Leos III., gebraucht überhaupt das iste und hic nicht mehr in diesem Uebermass; so oft sie auch von Rom spricht, nie sagt sie mehr: haec, ista Roma.

Genau dasselbe Ergebnis wie aus dem Papstbuch lässt sich aus dem Codex Carolinus nachweisen, in dem der gleichartige Sprachgebrauch der päpstlichen Kanzlei rein und zuverlässig vorliegt. Italien wird oft genannt, ohne dass dabei an einen besonders hervorzuhebenden Teil zu denken ist[1]). Hadrian schrieb um 790 an Karl über das Laster der Simonie: quod partibus Italiae, Tusciae — etiam et Ravennantium ecclesiae civitatis — assolet fieri (634). Hier ist Italien Gesamtbegriff, Tuscia und Ravenna erläuternder Zusatz; was bliebe sonst für Italien übrig, wenn nur das ehemalig langobardische Gebiet so heissen sollte? Uebrigens ist bezeichnend, dass jener angeblich so viel sagende Ausdruck: ista Italia provincia im Codex gar nicht und haec Italia provincia nur einmal vorkommt und zwar an ganz nichtssagender Stelle (515). Desiderius dringt da nämlich in den griechischen Kaiser, er solle in hanc Italiam provinciam ein Heer schicken, er selbst wolle zur Eroberung von Ravenna mithelfen. Man sollte meinen, eine solche Bezeichnung, wenn sie einen genauen staatsrechtlichen Inhalt hatte, müsste an erster Stelle in den Briefen zu finden sein, deren gesamter Inhalt sich um die Schenkung dreht.

Der Sicherheit halber führe ich jedoch die anderen einschlagenden Stellen an.

Provincia erscheint in mehrfachen Bedeutungen, aber nirgends so, dass darunter ein scharfer Begriff, etwa der des ehemals byzantinischen Besitzes, des Exarchates zusammen mit dem römischen Dukat verstanden werden müsste. Auch das Frankenreich wird so genannt; der Papst hebt hervor, dass er „in tam spatiosam et longinquam provintiam" gereist sei (491, 21; 493, 24). Zacharias nennt Pippin gegenüber das Frankenreich „vestra provincia" (479, 28); er fügt hinzu, wenn die Krieger für die provintia kämpfen und die Priester beten, dann sei die provintia salva (480, 8). Auch Stephan II. bezeichnet das Frankenreich als provintie vestre (503, 2). Mehrfach reden die Päpste kurzweg von den Leiden ihrer provintia (494, 38), einmal sogar provintiola (545, 32); die Römer bitten um die dilatatio huius provintiae a vobis de manu gentium ereptae (510, 16). Von Bedeutung ist ferner, wenn in einem Briefe Stephans III. an Bischof Johann von Grado das ehemals byzan-

---

[1]) Vgl. den Index nominum 735.

tinische Gebiet in Oberitalien nicht als eine provinzielle Einheit erscheint, sondern die Provinzen Istrien, Venetien, die römische und der Exarchat einzeln aufgeführt werden (715).

Eine ständige Redensart ist die „a vobis redempta provincia", zu deren Schutz Pippin aufgerufen wird (518, 519, 528, 542 u. s. w.), die bekanntlich nicht das ganze ehemals griechische Italien umfasste. Sie wird immer eingeleitet mit haec oder ista, und so zeigt sich auch hier der vollkommen gleiche Wert beider Pronomina. Wie im Papstbuche heisst Rom unzählig oft bald ista, bald haec Roma. Statt vieler Beweise, dass iste immer nur einen örtlichen Hinweis von seiten des Redenden aus bedeutet, mag dienen, dass Papst Paul Italien als istae partes, Frankreich als ipsae regiones, Griechenland als illae regiones bezeichnet (534, 19; 532, 24; 535, 1). Erwähnt sei noch, wie Gregor III. Karl Martell von den Verwüstungen der Langobarden in partibus Ravennae berichtet und dann auf seine eigene Gegend übergeht mit den Worten: Sed in istis partibus Romanis (477)[1].

Es bleibt also dabei, die Worte istius Italiae provinciae sind für eine nähere Erkenntnis völlig wertlos. —

Von höchster Wichtigkeit ist, welcher Begriff mit Donatio verbunden werden muss. Es ist zwar allgemein bekannt, dass Donatio nicht allein die Schenkung an sich, sondern auch die über sie ausgestellte Urkunde bedeutet, doch bleibt unerlässlich, den damaligen Sprachgebrauch festzustellen. Natürlich können dabei vorläufig nur Stellen in Betracht kommen, welche nicht die karolingischen Schenkungen selbst betreffen. Der Codex Carolinus muss demnach ausgeschlossen bleiben. Im Liber diurnus kommt das Wort mehrmals vor. In allen Fällen bezeichnet es zugleich die schriftliche Festlegung der Schenkung. S. 10, 15; 15, 5; 19, 6 handelt es sich um die Einweihung von gestifteten Gotteshäusern und deren Ausstattung: die vorher geforderte percepta primitus donatio sind unzweifelhaft Schriftstücke. Ganz klar sagt über den gleichen Zweck 16, 17: ut possessionem servientibus ibidem profutura quam de propriis facultatibus deputasti sollemni donatione transscribas.

---

[1] Recht lehrreich für den Gebrauch von iste ist auch Cod. Carol. 519, 35 istius tertiae decimae indictionis und 588, 23 istius mensis Maii.

Zweimal wird die genauere Erläuterung durch den Zusatz „pagina" gegeben: 68, 13: quod si quisquam contra huius nostri preceptionis atque donationis pagina venire temptaverit, und 86, 18: quam donationis paginam manibus nostris roboratam tuae dilectioni tradidimus pro futura cautela; ganz gleichwertig steht 21, 13: donationis cartula.

Auch der Liber pontificalis bestätigt den Gebrauch des Wortes donatio in dem Sinne einer ausgestellten Urkunde. Die Vita Julii 205 zählt zu den zahlreichen amtlichen Schriftsachen auch donationes. Zuweilen tritt erklärend der Zusatz „in scriptis" hinzu, wie 433, 6: donationem in scriptis — direxit, oder 453, 15: donationem in scriptis — emisit[1]). Vollkommen scharf tritt der Unterschied zwischen Beurkundung und Handlung hervor 407, 11: donationem — emittens Langobardorum rex restituit atque donavit. Hier ist die Schenkung eigentlich eine Wiedergabe und dementsprechend kommt donatio auch sonst in allgemeinerer Bedeutung einer urkundlichen Zuweisung oder Ueberweisung, Bestätigung früherer Besitzrechte u. dgl. vor. So in den beiden den gleichen Gegenstand betreffenden Angaben 385, 10: Aripertus rex Lang. donationem patrimonii Alpium Cutiarum, qui longa per tempora a iure ecclesiae privatum erat et ab eadem gente detenebatur, in litteris aureis exaratam iuri proprio — Petri reformavit, und 398, 4: Liutprandus rex donationem patrimonii Alpium Cottiarum, quam Aripertus rex fecerat hicque repetierat, — redditam confirmavit. Zum Beweise sei ferner angeführt 428, 1 ff.: Civitates, quas ipse — abstulerat, — redonavit — quas et per donationem firmavit — — et — — Savinense patrimonium — — per donationis titulo — Petro — reconcessit. Donatio ist also nichts anderes als eine privilegii pagina, mit der 440, 18 Papst Stephan seine Geschenke bestätigte, oder die scripta oder conscripta pagina, mit welcher 451, 4 und 455, 7 Zurückstellungen an den Papst verbürgt werden. Demnach darf der inhaltliche Sinn von donatio nicht allzusehr beschränkt oder gepresst werden. Mit diesem Worte wird nicht immer eine wirkliche reine Schenkung gemeint, d. h. eine Uebertragung von echtem Eigentum an einen

---

[1]) Emittere bedeutet öfters das Ausstellen von Urkunden; vgl. Liber diurnus 169, ausserdem 25, 21, Liber pont. 407, 12.

Zweiten als Geschenk; donatio bedeutet nichts anderes als eine schriftlich vollzogene Ueberlassung, Ueberweisung oder Rückgabe und deren Zusicherung, die darüber ausgestellte Urkunde.

Auch promissio hat die Bedeutnng einer über das Gelobte ausgestellten Urkunde (Liber diurnus 74).

Es bleibt noch übrig, ein Wort über „respublica" zu sagen. Die Angaben, welche sich bereits auf das spätere Schenkungsverhältnis beziehen, sind beiseite gelassen. Im Liber diurnus bedeutet respublica mehrmals einfach den Staat und zwar den byzantinischen, so 54, 8, wo noch der Zusatz christianissima steht, 79, 16 und 81, 8. Interessant ist, wie ein neugewählter Papst in seinem Hirtenbriefe an die Römer redet. Er fordert sie auf zum Gebet, damit Gott „fidelissimum ac christianissimum Romanum principatum" erhalten und „una cum fidelissimis atque fortissimis Romane reipublice Italiae exercitibus" die Feinde des Imperium verderben möge (110). Hier wird also Italien ohne nähere Beschränkung mit besonderer Auszeichnung als respublica Romana bezeichnet. Im Papstbuche begegnet das Wort selten. Zweimal ist das Stadtgebiet von Ravenna respublica genannt (319, 3 und 431, 3). In dem älteren Teile wird 296, 9 das griechische Kaisertum darunter verstanden, und noch später, bereits in unserer Zeit, wendet ein kaiserlicher Beamter das Wort in demselben Sinne an (442, 7). Wenn es dagegen in der Vita Gregorii III. (420, 15 ff.) heisst, der Papst habe eingefügt das zurückerworbene Castrum Gallese „in conpage sanctae reipublicae atque corpore Christo dilecti exercitus Romani", so kann ich unter der sancta respublica nicht wie Duchesne (424 Anm. 32) das byzantinische Reich, sondern nur den römischen Dukat oder das römische Stadtgebiet verstehen. Dasselbe ist gemeint 428, 21, wo der gerade Weg von Polimartium nach Blera über Viterbo beschrieben wird.

Diese wenigen Erwähnungen der respublica lassen erkennen, dass den Verfassern des Papstbuches bis zu dieser Zeit die „Romana respublica", die später hervortritt, nicht geläufig war. Die Behauptung, schon seit langer Zeit sei es üblich gewesen, das nichtlangobardische Italien als respublica Romana zu bezeichnen, ist demnach schwerlich haltbar.

Dritter Abschnitt.
Das Papstbuch und die anderen Geschichtsschreiber über die Ereignisse bis zum Pontifikat Hadrians.

Ich folge schlichtweg der Erzählung des Papstbuches von dem Augenblicke an, wo sie für uns Interesse gewinnt, und gebe alle Ausdrücke, die von Bedeutung sein können, wörtlich wieder.

Nachdem Papst Stephan II. vergebens den König Aistulf um Schonung „pro gregibus sibi a Deo commissis et perditis ovibus, scilicet pro universo exarchato Ravennae atque cunctae istius Italiae provinciae populo" angefleht und sich auch überzeugt hatte, dass er von dem Kaiser keine Hilfe empfangen werde, richtete er, wie schon seine Vorgänger an Karl Martell, an Pippin brieflich die Bitte um Beistand. Während durch Aistulf die „civitates et provincia ista Romanorum" heftig bedrängt werden, erklärt sich Pippin bereit: omnem voluntatem ac petitionem — papae adimplere (444). Er schickt Boten, die Stephan zu ihm geleiten sollen. Inzwischen hat auch der Kaiser dem Aistulf gemeldet, der Papst werde zu ihm kommen, ob recipiendum Ravennantium urbem et civitates ei pertinentes (445). Darauf lässt Aistulf dem Papste verbieten, von Pippin zu fordern: Ravennantium civitatem et exarchatum ei pertinentem vel de reliquis reipublicae locis, quae ipse vel — praedecessores — invaserant. Stephan ersucht vergebens in Pavia den König: ut dominicas quas abstulerat redderet oves et propria propriis restitueret; ebensowenig erreichte der byzantinische Abgesandte mit seinen kaiserlichen Briefen (446).

In Ponthion angelangt, bittet Stephan den Frankenherrscher: ut per pacis foedera causam beati Petri et reipublice Romanorum disponeret. Dieser legt sofort einen Eid ab: iureiurando — papam satisfecit [1]), omnibus eius mandatis et ammonitionibus sese totis nisibus adimplere et ut illi placitum fuerit exarchatum Ravennae et reipublicae iura seu loca reddere modis omnibus. Pippin versammelte seine Grossen in Quierzy und beschloss: que cum — papa decreverat perficere. Mehr. wird über den dortigen Reichstag nicht gesagt, nichts von Urkunden und deren Inhalt. Aistulf macht Anerbietungen: ad obiciendum atque adversandum causae redemptionis sancte Dei ecclesiae reipublice Romanorum, und wollte: sanctae Dei ecclesiae causas subvertere (448); aber Pippin gelobt nochmals: decertari pro causa sanctae Dei ecclesiae, sicut pridem — spoponderat pontifici. Er schickt Gesandte an Aistulf: propter pacis foedera et proprietatis sancte Dei ecclesie reipublice restituenda iura, und bietet ihm Geschenke: ut tantummodo pacifice propria restitueret propriis. Nochmals mahnt der Papst den Langobardenkönig brieflich: propria propriis reddere, ut pacifice — propria sanctae Dei ecclesiae reipublice Romanorum reddidisset (449).

Aistulf wird besiegt, und da Stephan weiteres Blutvergiessen zu vermeiden wünscht, wird Friede geschlossen: inter Romanos Francos et Langobardos. Aistulf gelobte mit seinen Judices und: per scriptam paginam affirmavit se ilico rediturum civitatem Ravennantium cum diversis civitatibus. Aber Aistulf: quod iureiurando promisit reddere distulit (451). Er greift sogar Rom an und nimmt Narni wieder weg. Der Papst beschwört aufs neue Pippin: cuncta quae beato Petro pollicitus est, adimplendum. Zu Pippin, der auf dem Marsche nach den Alpen zu begriffen ist, kommen byzantinische Gesandte. Sie haben gehört, er wolle die „promissio, quae beato Petro iureiurando obtulerat" ausführen (452). Sie verlangen von Pippin: ut Ravennantium urbem vel cetera eiusdem exarcatus civitates

---

[1]) Satisfacere bedeutet im damaligen Sprachgebrauch „genau unterrichten". Im Index verborum des den Codex Carol. enthaltenden Bandes der Mon. Germ. 750 sind die Stellen zusammengetragen, doch ist die Umschreibung „persuadere" etwas zu stark. Vgl. im Liber pont. 492, 19 und 494, 14.

et castra imperiali tribuens concederet ditioni. Der König erklärt dagegen: nulla penitus ratione easdem civitates a potestate beati Petri et iure ecclesie Romane vel pontifici quoquo modo alienari, denn er komme nur aus Liebe zum heiligen Petrus. Aistulf, aufs neue besiegt, gelobt: conscriptas in pacis foedere reddere civitates; er gab sie auch zurück und fügte noch Comacchio hinzu. In einer schriftlichen „Donation" werden diese Städte zum ewigen Eigentum des heiligen Petrus und der römischen Kirche und ihrer Päpste überlassen (453). Diese Städte und Kastelle, teils im Gebiete von Ravenna, teils in der Pentapolis und der Emilia gelegen, im ganzen mit Narni 23, werden dem Papste überwiesen. Der königliche Gesandte legt die Schlüssel in Rom in der Peterskirche nieder „una cum suprascripta donatione de eis a suo rege emissa" und überträgt die Städte zum ewigen Besitz und zur Verfügung an den heiligen Petrus, die römische Kirche und die Päpste (454). Dieser Satz macht gewiss, dass die Urkunde von Pippin, nicht von Aistulf ausgestellt worden ist, wie der ungenaue Wortlaut im Vorangegangenen scheinen lässt.

Nach Aistulfs Tode gelobt Desiderius: reipublice se redditurum civitates, quae remanserant, und stellt darüber in Gegenwart eines fränkischen Missus ein schriftliches Gelöbnis aus. Der Papst lässt von den verheissenen Städten alsbald besetzen: Faventias cum castro Tiberiaco seu Cabellum et universum ducatum Ferrariae in integro (455).

Geraume Zeit hindurch sagt das Papstbuch von unserer Sache nichts. Erst unter Stephan III. erwähnt es, an die Könige Karl und Karlmann sei Botschaft gesandt worden: pro exigendis a Desiderio — iustitiis beati Petri, quas — reddere sanctae Dei ecclesiae nolebat (478). Ueber diese „justiciae beati Petri" hält dann der Papst mit Desiderius eine Unterredung, doch dieser weicht aus (479). Ziehen wir nun die Summe aus diesen einzelnen Angaben.

Was Stephan beansprucht, betrachtet er als der Kirche gebührendes Gut, als Recht des heiligen Petrus. Diesen Gedanken nimmt Pippin auf; für ihn allein zieht er zu Felde, um das Eigentum des Apostels, das die Langobarden geschädigt haben, herzustellen. Wie die Fiktion von dem päpstlichen

Rechte entstand, ist unschwer zu erklären. Die Päpste hielten sich für verpflichtet, die von den Byzantinern aufgegebenen Gebiete, mit denen sie innig verflochten waren, zu beschirmen [1]). Weil sie den bisherigen griechischen Besitz nicht den Langobarden lassen wollten und konnten, betrachteten sie ihn wie herrenloses Gut, das demgemäss dem Apostel gebührte. Unzweifelhaft spielte der durch den Bilderstreit, der die griechische Kirche als gottlos erscheinen liess, entstandene Zwiespalt stark mit; auch die Versagung der Hilfe mochte als Rechtsverwirkung gelten. Jene päpstliche Auffassung konnte erst jetzt entstehen und ihre ersten Spuren finden sich thatsächlich unter Gregor III. Da die Idee zugleich den Päpsten sehr vorteilhaft war, nahm sie allmählich festere Gestalt an; ihr entsprang die Vorstellung einer respublica Romanorum, die der heiligen Kirche gehörte, deren Herr der Apostelfürst war, der die leer gewordene Stelle des bisherigen weltlichen Oberherrn einnahm. Dass die Päpste darunter bald ausser dem Dukat von Rom, den sie jetzt so gut wie selbständig regierten, den ganzen Exarchat und die Pentapolis verstanden oder verstanden wissen wollten, erklärt sich aus dem historischen Zusammenhange, und Stephan hat — so erzählt wenigstens das Papstbuch — gleich von Anfang an dem Frankenkönige seine Sache in dieser Ausdehnung vorgetragen.

Wie der König in Quierzy unter dem Beirate der fränkischen Grossen sein Versprechen des näheren formuliert hat, darüber sagt das Papstbuch nichts fest Greifbares. Hier liegt ein wesentlicher Streitpunkt, den wir vorläufig freilich nur auf Grund dieses einzelnen Berichtes erörtern dürfen. War jenes Versprechen identisch mit dem Eide, den Pippin in Ponthion abgelegt hat, den Exarchat zurückzubringen?

Der Biograph sagt nur: Statuit cum eis, quae semel — cum — papa decreverat, perficere. In diesen Worten ist eine klare Rückbeziehung auf den Eid gewiss nicht enthalten; die Formulierung ist durchaus schwankend.

Unser Gewährsmann ist sonst sehr freigebig mit dem Exarchat und bringt es an passenden und unpassenden Stellen an.

---

[1]) Vgl. unten Abschnitt IV.

Papst Stephan bittet Aistulf um Schonung für den ganzen Exarchat und das ganze Volk von Italien. Aistulf verbietet ihm, Ravenna und den Exarchat und die übrigen Orte zu begehren, die griechischen Gesandten fordern von Pippin Ravenna und die übrigen Städte des Exarchates. Nur an dieser einzigen, wichtigsten Stelle lässt uns leider der Biograph im Stiche. Mag sein, dass Pippin persönlich dem Papste den Exarchat eidlich zugesichert hat: der Vertrag in Quierzy hing nicht von ihm allein ab. Pippin begnügte sich auch nach zweimaligen glänzenden Siegen damit, Aistulf nur eine Reihe von Städten, doch nicht den ganzen Exarchat und die Pentapolis abzunehmen. Das Papstbuch thut sogar so, als habe der friedenseifrige Papst selber leichte Bedingungen gewünscht [1]). Von Interesse ist, dass Comacchio erst bei dem zweiten Male hinzugefügt wird, als verstärkte Busse, dass ferner Narni besonders gestellt wird. Diese Stadt gehörte einst, wie das Papstbuch 454 erzählt, „parti Romanorum", war ihr aber durch die Herzöge von Spoleto entrissen worden; diesen nahm sie König Liutprand ab und schenkte sie später dem Papste Zacharius (403, 428). Bei jener Gelegenheit schenkte Liutprand auch die Städte der Pentapolis Ancona, Osimo und Umana, gleichwohl wurden sie jetzt nicht mit zurückgegeben. Die Aistulf auferlegten Abtretungen umfassten also nicht einmal den gesamten Besitz, den der heilige Petrus urkundlich nachweisen konnte. Später, erzählt der Geschichtsschreiber, habe Desiderius Städte zurückgegeben, die noch rückständig waren, und lässt Papst Paul auf eigene Hand mit jenem verhandeln über die fernere Rückstellung der Gerechtsame des heiligen Petrus. Das Papstbuch sieht also die von Aistulf unter dem Zwange Pippins erfolgte Ueberweisung nicht als eine vollständige Herstellung des kirchlichen Besitzes an, aber es fügt auch nicht hinzu, dass die von Desiderius überlieferten Städte in Pippins Verpflichtung eingeschlossen waren. Ein fränkischer Missus wohnt zwar den Verhandlungen mit Desiderius bei, doch die Städte nimmt der Papst durch einen eigenen Missus in Besitz und zwar in integro (455). Des

---

[1]) Darüber unten Abschnitt IV.

römischen Dukates wird nicht als wiedergegebener Güter gedacht, ihn hatten die Päpste bereits inne.

Die Vita Stephani ist erst nach dem Tode des Papstes geschrieben. Es lag also für den Biographen die Gefahr nahe, spätere Verhältnisse in frühere hineinzutragen. Der Papst wird ja seine Wünsche gehabt haben, ob er sie aber bereits 753, vor der Reise nach dem Frankenreiche und dem ungewissen Ausgange, schon vollständig formuliert hatte, steht dahin. Dass Pippin Beistand zusagte, dem Papste Gebiete versprach, die er nicht in Besitz hatte, ist sonst nichts Auffallendes. Wie oft ist in Staatsverträgen über Länder verfügt worden, welche die Parteien erst erobern wollten. Als Stephan über die Alpen ging, handelte es sich vor allen Dingen um den Krieg gegen Aistulf und Schutz vor dessen Gewalt. Sollte er da wirklich auch schon geplant haben, alles für sich zu erlangen, was einst die langobardischen Könige dem byzantinischen Reiche genommen hatten? Aus den Worten, die der Biograph Aistulf in den Mund legt, der Papst dürfe nicht fordern, was er und seine Vorgänger erobert hätten, zieht Sackur [9] die Folgerung, Stephan habe von Anfang an seine Absicht auf eine Restitution des byzantinischen Italiens, in einem Umfang, den es vor den Eroberungen der späteren Langobardenkönige hatte, gerichtet. Das scheint mir aus an sich unverbürgten Worten allzuviel herausgeschlagen. Abgesehen von Narni, bei dem besondere Umstände vorliegen, erstreckten sich Verhandlungen und Handlungen, soweit sie erwähnt werden, nicht über Exarchat und Pentapolis hinaus. —

Oben S. 23 wurde der Gebrauch, den das Papstbuch bis dahin von dem Worte respublica machte, untersucht. In der Vita Stephani II. und den folgenden Abschnitten begegnet es öfter. Niemals bedeutet es das griechische Kaiserreich, niemals auch die Stadt Rom als solche. Immer hat respublica einen umfassenderen Inhalt. Die Beute, welche die Langobarden herausgeben sollen, wird bezeichnet als loca oder civitates reipublicae, 442, 8; 446, 3; 448, 3; 455, 3. Stephan II. stirbt: rempublicam dilatans et universam dominicam plebem (455, 18). Der Ausdruck erscheint auch erweitert: causa Petri et reipublicae Romanorum (448, 6) oder: proprietatis sancte

Dei ecclesie reipublice restituenda iura (449, 8) und ganz ähnlich 449, 19: propria sanctae Dei ecclesiae reipublice Romanorum. Manchmal ist dasselbe gemeint, ohne respublica hinzuzufügen: potestas Petri et ius ecclesie Romane vel pontificis apostolice sedis (453, 7) oder: redemptio sancte Dei ecclesiae Romanorum (448, 17).

Respublica und Kirche sind also identische Begriffe. Gemeint wird stets ehemals byzantinisches Gebiet in Mittelitalien, und man erkennt auch hier, dass die Kirche sich als Rechtsnachfolgerin ansieht. Aber mit einem in sich abgeschlossenen Rechtsbegriff von ganz bestimmtem Umfange hat man es kaum zu thun. (Vgl. auch Abschnitt III am Schluss.)

Die fränkischen Geschichtsschreiber erzählen nicht viel Sachliches, aber sonst recht Bezeichnendes.

Von ihnen sind allein die Fortsetzungen Fredegars ausführlicher (Mon. German. hist. Script. rerum Meroving. II). Sie berichten zunächst als neue und unerhörte Thatsache, wie Papst Gregor III. an Karl Martell die Schlüssel vom Grabe Petri und Geschenke sandte: eo pacto patrato, ut a partibus imperatoris recederet et Romano consulto praefato principe Carlo sanciret. Der Majordomus sendet mit einer ehrenvollen Gesandtschaft reiche Gaben zurück (179). Später kommt Stephan nach Ponthion und bittet um Hilfe gegen die oppressiones und fraudulentia des Königs Aistulf und der Langobarden, ut — de manibus eorum liberaret et tributa et munera, quod contra legis ordine ad Romanos requirebant facere desisterent. Von solchen Tributforderungen erzählt auch das Papstbuch 441. Pippin verlangt demgemäss durch Boten von Aistulf: ut propter reverentia — ap. Petri et Pauli partibus Romae hostiliter non ambularet et superstitiosas hac impias — causas, quod antea Romani nunquam .fecerant, — facere non deberent. Da der Langobarde ablehnt, beruft Pippin die Franken nach Braisne und beginnt, nachdem er sich mit seinen Grossen beraten hatte, den Feldzug (183). Aistulf beschliesst, mit aller Macht das zu verteidigen, quod nequiter contra rempublicam et sedem Romanam apostolicam admiserat. Allein durch die Hilfe des heiligen Petrus, den sie anrufen, siegen die Franken. König Aistulf erbietet sich, was er gegen die römische Kirche und den apostolischen Stuhl unrechtmässig gethan hatte, vollständig gut zu machen, und gelobt ausser der Unterwerfung unter die Franken, niemals mehr „sedem apostolicam Romanam et rempublicam" feindlich anzugreifen. Pippin schickte den Papst nach Rom, et in sedem apostolicam incolumem uti prius fuerat, restituit (184). Aistulf bricht sein Pippin gegebenes Versprechen und greift Rom wieder an, doch aufs neue besiegt, wiederholt er den früheren Eid, quod contra sedem apostolicam rem nefariam fecerat, omnia per judicio Francorum vel sacerdotum plenissima solutione emendaret (185).

Dem apostolischen Stuhle wird demnach in gleicher Ordnung die respublica zur Seite gestellt. In dem Hauptteil der Chronik bedeutete respublica allerdings das griechische Imperium (vgl. S. 570 Index), hier offenbar nicht mehr. Man muss daher eher annehmen, dass der Ausdruck bei dieser Gelegenheit im Frankenreiche gebraucht wurde und so dem Verfasser zu Ohren kam; er spricht demgemäss von einer Wiederherstellung der päpstlichen Gerechtsame. Pippin greift ein um des Apostels Petrus willen, und dieser bewirkt den Sieg; der religiöse Gesichtspunkt tritt scharf und deutlich hervor. Alle Beschwerden des Papstes rühren jedoch nur vom König Aistulf her. Was er dem Papste gewähren muss, wird leider nicht im einzelnen ausgeführt.

Andere fränkische Quellen ergeben wenig, aber aus allen sieht man, welchen Eindruck das Erscheinen des Papstes machte. Ebenso einhellig betrachten sie als Zweck des Zuges die Wiederherstellung der Gerechtsame des heiligen Petrus. Einige Quellen nennen sie die res oder justiciae S. Petri (Scr. I, 28, 116, 136, 346), vielleicht auch eine Bezeichnung, die aus den Verhandlungen in die Oeffentlichkeit drang. Eingehenderes erzählen die Annales Laurissenses. Zu 754: Aistulf schwört „iustitiam faciendi", zu 756: Pipinus — magismagisque de iustitiis S. Petri confirmavit, ut stabiles permanerent, quod antea promiserat et insuper Ravenna cum Pentapolim et omni exarcatu conquisivit et S. Petro tradidit (Scr. I. 139, 140). Dass diese Nachricht, deren zeitlichen Ursprung wir nicht genau feststellen können, nicht vollkommen richtig ist, ergab bereits das Papstbuch. Die Ueberarbeitung der Annales

Laurissenses, die sogenannten Annales Einhardi, sagt ähnliches zu den Jahren 753, 755, 756. Einhard selbst, der auch die merkwürdige Mitteilung macht, die fränkischen Grossen wären nur nach starkem Widerstreben gegen die Langobarden zu Felde gezogen, meldet als Leistung Pippins nur, er habe Aistulf gezwungen, erepta Romanis oppida atque castella restituere, atque ut reddita non repeterentur, sacramento fidem facere (Vita Karoli c. 6). Eigentümliches enthalten die auf gleichen Quellen beruhenden Annales Moissiacenses und Mettenses (Scr. I, 293). Pippin hätte zuerst von Aistulf gefordert: Pentapolis, Narnia et Cecanum et omnia, unde populus Romanus de tua iniquitate conqueritur. Darauf hätte der Langobarde abtreten müssen: Ravennam, Pentapolim, Narniam et Cecanum et quicquid in illis partibus continebatur. Das Kastell Ceccano, zum römischen Dukat gehörig, hatte Aistulf allerdings schon vor Stephans Reise erobert (Lib. pont. I, 444), es wird aber sonst nicht mehr erwähnt. Auch hier wissen wir nicht genau, welcher Zeit die Angabe in ihrer ursprünglichen Fassung entstammt.

Soweit diese Quellen Einzelheiten berichten, sind sie unrichtig oder unsicher oder widersprechend. Nur der allgemeine Grundzug ist derselbe und alle ihre Nachrichten überschreiten nicht den geographischen Kreis von Rom—Ravenna.

Doch wenden wir uns zu einer unvergleichlich besseren und zuverlässigeren Quelle, den Briefen im Codex Carolinus.

Vierter Abschnitt.
Die Papstbriefe bis 774.

Dass gleichzeitige, innerhalb des Flusses der Ereignisse geschriebene Briefe Erkenntnisquellen allerersten Ranges sind, weiss jeder Historiker. Oft genug lehren sie uns, wie kümmerlich und unzuverlässig daneben die Ueberlieferung der Geschichtsschreiber ist. Die Eigentümlichkeit der Frage, welche uns beschäftigt, hat es jedoch mit sich gebracht, dass auch dieser kostbare Schatz nicht ohne Bedenken hingenommen worden ist. Man hat auch an den Papstbriefen mancherlei ausgesetzt und herumgedeutet. Eben die Bemühungen, sie in Einklang zu bringen mit dem Berichte in den Papstbiographien und umgekehrt, gaben Veranlassungen zu kunstreichen Erklärungen und boten Raum und Gelegenheit, selbst der Briefe Zuverlässigkeit zu bezweifeln. Es gibt da kein anderes Mittel, als sie lediglich aus sich heraus zu lesen und ihren Inhalt zusammenzufassen. Es sind noch andere Ausstellungen gemacht worden, und nicht ganz mit Unrecht. Denn die Briefe sind in der That eine einseitige Quelle, da sie, von der Kurie ausgehend, natürlich vorzugsweise deren Anschauungen, Ansprüche u. dgl. zum Ausdruck bringen. Es fehlen die Antwortschreiben, welche der fränkische Hof erteilt hat, wie auch alle von ihm etwa ausgestellten Urkunden verloren sind. Dennoch ist auf diese Uebelstände kein allzu grosses Gewicht zu legen. Wenn zwei Mächte miteinander verhandeln, so kann naturgemäss die eine der andern, die zugleich die sachlichen Urkunden in ihrem Besitz hat, nicht allzuviel vorreden. Sie wird vielleicht ihren Rechten eine weite Ausdehnung beilegen, deren Wert ausdehnen, aber von dem wirklichen Thatbestand darf sie sich nicht weit entfernen, ohne sich selbst empfindlich zu schädigen. Das ist noch weniger möglich, wenn die Vorgänge sich in der allerletzten Zeit abgespielt haben und genug von den mithandelnden Personen am Leben sind. Ausserdem wird oft die Möglichkeit vorliegen, auch den Inhalt der verlorenen Briefe der Gegenpartei einigermassen zu erkennen. Gesetzt, der Papst hätte bestrittene oder bestreitbare Ansprüche in einem Briefe erhoben, der Frankenkönig in der Antwort sie verworfen; würde da nicht der Papst sich zu verteidigen suchen? Oder umgekehrt, der fränkische Hof hätte Behauptungen aufgestellt, die das päpstliche Interesse schädigten, so würde die Kurie sie zurückweisen. Es ist also zulässig und ausführbar, aus einer einseitig nur vom Absender herrührenden Korrespondenz auf die Ansichten auch des Adressaten zu schliessen und den thatsächlichen Untergrund zu erkennen.

Besondere Beachtung beanspruchen die Briefe, welche vor den Zug Pippins nach Italien fallen, weil wir in ihnen die ursprüngliche Anschauung der Päpste über ihre Lage finden.

Es sind wenige Schreiben aus den Jahren 739—753, aber sie stimmen in den Wendungen überein. Voran steht stets der Apostel Petrus, es wird gesprochen von dessen heiliger Kirche, dessen populus peculiaris. Zur heiligen Kirche gehört die Gegend von Ravenna, ebenso wie die von Rom. Was die Langobarden erobern, nehmen sie dem heiligen Petrus, sie verwüsten sein Eigentum, seine „res". Der Nachfolger des Apostels in seinem Bischofsamt ist der rechtmässige Inhaber der gesamten Besitzungen des heiligen Petrus. Der Papst gilt als der legitime Herr; von Byzanz ist gar nicht die Rede; nur über die gegenwärtigen Gewaltthaten der Langobarden wird Klage geführt.

Der Hilferuf erfolgt also zu Gunsten des heiligen Petrus und zum Zwecke der Erhaltung seines Eigentums, der Zurückschaffung des Entfremdeten. Wir sahen, wie damit die Aeusserungen der fränkischen Geschichtsschreiber übereinstimmen. Doch die Wendung: „sanctae Dei ecclesiae reipublicae Romanae" erscheint erst 755.

Eine zweite Gruppe bilden dann die Briefe, welche nach

Pippins erstem Zuge geschrieben sind, im ganzen fünf. Von ihnen gehören die beiden ersten aus dem Jahre 755 eng zusammen, Nr. 6 und Nr. 7. Ich glaube, dass die bisher nachgestellte Nr. 7 vor Nr. 6 zu setzen ist; die Anordnung in den Handschriften entscheidet nicht über die Zeit der Abfassung. Nr. 6 erwähnt die bevorstehende Rückkehr des königlichen Bevollmächtigten Folrad selbst, während in 7 ihm ein besonderer Bote Wilharius vorausgesandt wird; seine Abreise war also verzögert worden. In 7 treten ferner die Reise des Papstes ins Frankenreich, dann der von Pippin gegen Aistulf geführte Krieg lebendiger hervor. Endlich ist Nr. 6 leidenschaftlicher und erregter, weil die Erfolglosigkeit aller bisherigen Anstrengungen noch klarer geworden ist.

In allen Briefen wird der heilige Petrus durchaus in den Vordergrund gestellt. Nr. 10 ist sogar so gefasst, dass der Apostel selbst als Briefschreiber und Redender auftritt. Er hat den Franken den Sieg verliehen, um seine Sache handelt es sich in allem ausschliesslich. Doch sind die drei letzten Briefe Nr. 8—10 vom Anfang des Jahres 756 für die Hauptsache wenig ergiebig; der Papst in seiner höchsten Bedrängnis denkt nur an Rettung vor den Langobarden, und in diesem gefahrvollen Augenblicke, wo überhaupt sein ganzer Bestand in Frage steht, treten die anderen Interessen zurück, welche ohnehin nicht verfolgt werden können, ehe nicht Aistulf aufs neue besiegt ist.

Die beiden ersten Briefe nehmen daher die Aufmerksamkeit am meisten in Anspruch. In ihnen herrscht ein Ausdruck durchaus vor, die „justitia S. Petri", daneben steht dafür mehrmals „causa S. Petri". Ueber diese haben Pippin und seine Söhne dem Papste, als er bei ihnen im Frankenreiche weilte, Versprechungen gemacht und mit ihrer Unterzeichnung verbürgt. So besagt Brief Nr. 7 S. 491, 26 ff.: aurem petitionibus nostris adcommodare dignati estis: et vos b. Petro polliciti estis eius iustitiam exigere et defensionem sanctae Dei ecclesiae procurare. Da Aistulf seinen Eidschwur gebrochen hat, sei es die Pflicht der fränkischen Fürsten: quae per donationem Petro offerendum promisistis ei possidendum contradere (492, 23); ganz ähnlich klingt die Forderung einige Zeilen später, und nochmals weiterhin: quae per donationem manu vestra confirmastis, — Petro reddere festinate. Sciatis enim, quia sicut cyrographum vestram donationem — firmiter tenet et necesse est, ut ipsum cyrographum expleatis. Daher beschwört sie der Papst: quod b. Petro promisistis per donationem vestram, civitates et loca atque omnes obsides et captivos b. Petro reddite vel omnia, quae ipsa donatio continet (493). Wie könnten die Herrscher ihren Feinden widerstehen, „si iustitiam b. Petri, ut promisistis et initiastis, non perfeceritis".

Uebereinstimmend lautet Brief Nr. 6. Stephan mahnt die Frankenherrscher: iuxta donationem, quam — Petro offerre iussistis, omnia reddere et contradere sancte Dei ecclesiae studeatis. Et quod semel b. Petro polliciti estis et per donationem vestram manu firmatam — reddere et contradere festinate.

Mit aller Sicherheit geht aus diesen übereinstimmenden Erklärungen hervor, dass im Frankenreiche eine „donatio", eine Urkunde ausgefertigt und ausser von Pippin auch von seinen beiden Söhnen durch Unterschrift oder Handzeichen verbürgt und konfirmiert worden ist. Als ihr Inhalt wird stets ein Versprechen angeführt, das der Wiederherstellung des Besitzes des heiligen Petrus.

Es wird jedoch von zwei verschiedenen Donationen gesprochen, und zwar in der meiner Ansicht nach späteren Nr. 6. Sonst wird immer der Inhalt der Donation als versprochen bezeichnet, aber es kommen auch Stellen vor, in denen sie als konfirmierend erscheint[1]). Der Papst sagt 489, 12: iusticiam b. Petri, in quantum potuistis, exigere studuistis et per donacionis paginam restituendum confirmavit bonitas vestra. Diese Donation geschah also nach dem Kriege. Er, der Papst, hätte schon früher ihnen die Bosheit des gottlosen Aistulf dargestellt, jetzt sei seine Ruchlosigkeit offenbar. Er hat seinen Eid gebrochen und nicht einen Fuss breit Landes wiedergegeben. Aber ihr wolltet uns nicht hören; ihr glaubtet lieber der Lüge als der Wahrheit und lachtet uns aus. Ihr habt im guten Glauben an den Eid Aistulfs: propria vestra voluntate pro donationis

---

[1]) Die Stelle in Nr. 7, S. 492, 32: quae per donationem manu vestra confirmastis, gehört nicht hierher, weil die Confirmatio sich hier auf die Unterzeichnung bezieht.

paginam b. Petri sanctaeque Dei ecclesiae rei publicae civitates et loca restituenda confirmastis. Aber jener brach seinen Eid. Daher beschwört der Papst die Frankenfürsten: ut iuxta donationem, quam Petro — offerre jussistis, omnia reddere — studeatis; dem Meineidigen sollen sie nicht mehr glauben.

Das Papstbuch erzählt 451, Aistulf habe eidlich und schriftlich gelobt: se ilico rediturum civitatem Ravennantium cum diversis civitatibus. Ohne Zweifel hat darauf Pippin bereits damals diese Städte urkundlich[1]) dem Papste überwiesen und konfirmiert, gerade so, wie das nochmals 756 geschah.

Wir lernen aus diesem interessanten Briefe noch mehr. Der Liber pontificalis fliesst über von Versicherungen, wie sehr sich Pippin und der Papst Mühe gegeben hätten, Aistulf zum friedlichen Ausgleich zu bewegen: Stephan fleht Pippin an, Blutvergiessen zu vermeiden und die Sache nicht aufs äusserste zu treiben. Wir sehen jetzt, wie Stephan thatsächlich gesinnt war; er hat vielmehr alles aufgeboten, um den Frankenkönig vom billigen Friedensschluss zurückzuhalten. Die ganzen süssen Sätze sind nichts als der übliche fromme Jargon des Papstbuches. Immer sind die Päpste versöhnlich gesinnt und bitten um Frieden, natürlich stets vergeblich, weil ihre Gegner verruchte Menschen sind. Es ist allerdings glaublich, dass Pippin den Handel gern ohne Waffentanz und Feldzug geschlichtet hätte, aber die Briefe, an die wir uns zunächst halten müssen, lassen nirgends eine friedliche Gesinnung des Papstes erkennen. Uebrigens arbeitet der Biograph Hadrians 494 nach demselben Muster. Karl bietet vergeblich erst dem Desiderius 14000 Goldstücke an, ehe er zu den Waffen greift, gerade wie Pippin vorher den Aistulf dreimal durch Geschenke zum Nachgeben zu bewegen gesucht hatte (449)[2]).

Nun könnte man allerdings meinen, jene Vorwürfe, die der Papst an Pippin seiner Leichtgläubigkeit wegen richtet, bezögen sich nur darauf, dass dieser im Vertrauen auf Aistulf nicht wartete, bis der Langobarde die Städte übergeben hatte. Doch der Papst war vielleicht gar nicht unzufrieden, dass

---

[1]) Denn mehr bedeutet Donatio nicht; vgl. oben S. 21 f.
[2]) Sackur 14 ff. hat diese Geschichtchen zu ernst genommen.

Aistulf seinen Eid gebrochen hatte, denn nun bekommt er freies Fahrwasser; er braucht sich nicht mit einer nur teilweisen Abfindung zu begnügen. In wiederholten, fast gleichlautenden Worten verlangt er von den Frankenkönigen, sie sollten ihm alles zurückgeben, was sie versprochen hätten. Offenbar sagte also die im Frankenreiche ausgestellte Urkunde mehr zu, als Aistulf abtrat. Nirgends aber sagt der Papst, was noch fehlte, oder nennen er und seine Nachfolger Städte oder Gebiete, die sie zu fordern haben, mit Namen. „Erfüllt alles, was ihr versprochen habt," das bleibt der fortgesetzt aus Rom ertönende Ruf. Nur ganz allgemein von civitates und loca hören wir, die verlangt werden [1]).

Die Briefe Nr. 8 und 9 bestätigen die Aussage des Papstbuches, dass Aistulf die auf Betrieb Pippins herausgegebene Stadt Narni wieder eingenommen hatte (vgl. oben S. 28). Auch Brief 10 bringt keinen wesentlichen Beitrag.

Um so mehr Nr. 11, geschrieben 757 nach der zweiten Demütigung Aistulfs, welcher bald darauf gestorben war, und der dadurch herbeigeführten glücklichen Wendung, dass Desiderius die Freundschaft Roms nachsuchte und einen Preis dafür bot. Stephan sagt Pippin begeisterten Dank, aber noch ist nicht genug geschehen. Der König solle das begonnene gute Werk zu Ende führen und der Kirche Gottes „plenariam iustitiam" erteilen: ut civitates reliquas, quae sub unius dominii ditione erant connexe atque constitutae, — ecclesiae restituere praecipiatis. Das Volk Gottes kann nur bestehen, wenn sein vollständiger Besitz mit allem Zubehör wieder unter Einer Herrschaft ist. „Omnia quae b. Petro sub iureiurando promisisti, adimplere iubeas" (505). Ganz deutlich gibt der Papst zu erkennen, wie er jenes Gelübde auffasst; es gilt ihm erst dann für gelöst, wenn alles, was dort einst unter byzantinischer Herrschaft stand, wieder zusammen ist. Doch sagt er nicht mit nackten und dürren Worten, dass die Verheissung so lautete;

---

[1]) Nur einmal 493 fügt Stephan hinzu als Inhalt der Donation: Omnes obsides et captivos. Dass diese Worte in ihr standen, ist nicht wahrscheinlich, weil die von den Langobarden genommenen Geiseln und Gefangenen mit zum Eigentum Petri gehörten. Ueber die verschiedene Erklärung der an sich ziemlich gleichgültigen Stelle vgl. 493 Anm. 2.

sie erscheint immer nur als ein auf das Allgemeine der Wiederherstellung gerichtetes Versprechen. Der neue König Desiderius hat in Gegenwart des königlichen Missus grosse Zusicherungen gemacht: er will dem heiligen Petrus wiedergeben Faenza, Imola, Ferrara, Osimo, Ancona, Umana, sogar Bologna, alles mit Zubehör. Damit war Stephan indessen noch nicht zufrieden. Pippin möge das Friedensgesuch des Langobarden freundlich annehmen und ihn antreiben, ut reliquas civitates, loca, fines et territoria atque patrimonia et saltora in integro s. ecclesiae reddere debeat. Noch eine wichtige Nachricht enthält der Brief: Spolitini quamque etiam Beneventani omnes se commendare per nos — excellentiae tuae cupiunt. Die Herrschaftsgelüste des Papstes standen vor glücklichster Entfaltung; bisher waren diese Herzogtümer noch nie in Berechnung gekommen.

Stephan II. starb im April 757. Der Nachfolger Paul meldete seine Wahl, wobei das römische Volk nicht unterliess, an Pippin die Bitte zu richten, er möge im begonnenen Werke ausharren, ut dilatationem huius provintiae a vobis de manu gentium ereptae perficere iubeatis (Nr. 12, 13). Die gleiche Bitte, mit der Klage, boshafte Menschen weigerten sich, die Justicia des heiligen Petrus herauszugeben, enthält Nr. 14.

Doch die Freundschaft mit Desiderius hielt nicht Stand; der Krieg brach wieder aus. In Nr. 17 klagt Paul 758, jener habe die Umgegend der Städte in der Fünfstadt, „quas b. Petro — contulistis", verwüstet, auch die Spoletiner und Beneventaner, „qui se sub vestra potestate contulerunt", angetastet; er rufe sogar die Byzantiner herbei, dass sie Ravenna wieder nehmen sollten. Der König wolle auch nicht Imola, Bologna, Osimo und Ancona herausgeben. Geschickt weiss nun der Papst die Sache zu drehen. Früher haben die Spoletiner und Beneventaner sich durch ihn Pippin ergeben; jetzt wird der Frankenkönig weiter vorgeschoben. Ebenso sagte vorher der Papst nichts davon, dass jene Städte zunächst dem Frankenkönige und durch diesen ihm übergeben werden sollen. Jetzt soll Pippin, gemäss seinem gegebenen Versprechen, Desiderius zu besserem Verhalten zwingen.

Der Frankenkönig bewog in der That durch eine Gesandtschaft Desiderius zu dem Versprechen: omnia patrimonia, jura — loca atque fines et territoria diversarum civitatum nostrarum rei puplice Romanorum herauszugeben (Nr. 19). Daher neue Ermahnung an Pippin: ut perfectius ea, quae pertinent ad — ampliatam liberationem s. D. ecclesiae et istius a vobis redemptae provintiae, sicut b. Petro et nostro praedecessori — Stephano — polliciti estis, cuncta perficere et implere. Die Auseinandersetzungen im einzelnen, die gegenseitige Schadenrechnung u. dgl. Dinge, auf die ich hier nicht eingehen will, machten jedoch grosse Schwierigkeiten, über die Paul sein Herz ausschüttet, immer auf das alte Lied hinauskommend: vollständige Erfüllung des Versprechens, während Pippin seinen guten Willen beteuert. Das ist im ganzen der Inhalt der Briefe 20—44. Von grösserem Interesse ist nur Nr. 37. Einmal schreibt da der Papst, der gegenseitige Ausgleich der beiderseitigen Justitiae im Beneventanischen, Tuskanischen und Spoletinischen schreite gut vorwärts, dann dankt er Pippin, dass dieser Desiderius ermahnt habe, auch die Neapolitaner und Cajetaner zu nötigen, damit sie die bei Neapel gelegenen Patrimonien dem heiligen Petrus herausgäben. Paul suchte also allenthalben den zerstreuten Besitz der Kirche zusammenzubringen. Auch der Nachfolger Pauls, Konstantin, erinnerte sofort Pippin an die vollständige Erfüllung seines Versprechens (Nr. 98). Bald nachdem Stephan III. Papst geworden war, starb Pippin am 24. September 768. Stephan erlebte den Schmerz, dass beide junge Frankenherrscher sich mit Töchtern des Desiderius vermählten. In einem hasserfüllten Briefe suchte er sie abzuhalten, nicht ohne sie an ihr dem heiligen Petrus abgelegtes Versprechen zu erinnern, dass sie die Langobarden zwingen wollten: ut propria s. ecclesiae Romane rei publice reddere debeant (Nr. 45, 563). Karl schickte auch später eine Gesandtschaft „pro exsequendis faciendisque justitiis — Petri", die nach dem Beneventanischen ging, um ein dort gelegenes Patrimonium zurückzubringen (Nr. 46). Später lobte Stephan den Langobardenkönig; er habe von ihm „omnes justicias b. Petri plenius et in integro" erhalten (Nr. 48).

Damit schliessen die Briefe ab, welche vor Hadrians Pontifikat und Karls Anwesenheit in Rom 774 fallen. Ihr Inhalt stimmt vollständig mit dem Ergebnis aus dem Papstbuch überein. Nirgends zeigt sich, dass das Versprechen Pippins einen näher bestimmten Inhalt hatte, als den einer Restitution des Besitzes Petri. Was durch Pippin erfüllt wurde, erstreckte sich auf Teile des Exarchats und der Pentapolis. Die Päpste waren mit dem durch Pippins Hilfe Erreichten nicht zufrieden; sie verlangten vollständige Wiedergabe und erreichten sie teilweise durch Desiderius. Ihre Forderungen gehen auf die Wiederherstellung des Gebietes, das früher unter der einheitlichen Herrschaft von Konstantinopel stand. Der römische Dukat erscheint als ihr voller und freier Besitz. Doch sie erstreben ausserdem, alles frühere Eigentum der Kirche wieder zu erlangen; aber in Benevent und Neapel handelt es sich nur um Patrimonien. Sie rufen dabei Pippins Unterstützung an, ohne jedoch auf jene Donation Bezug zu nehmen. Die zeitweilige Unterwerfung der Herzogtümer Benevent und Spoleto ist nur eine politische Handlung, die mit keinem ehemaligen Besitzrecht des Papstes in Verbindung steht. Ohnehin bleibt sie staatsrechtlich unklar.

Den Päpsten wächst der Appetit beim Essen. Es ging ihnen, wie Frankreich unter Ludwig XIV. mit den Reunionen. Aus dem Schutzbedürfnis und dem Selbsterhaltungstriebe, dem Wunsche, das ihnen thatsächlich Entrissene zurückzugewinnen, entfaltet sich eine fortwährend gesteigerte Idee der sogenannten Restitution, welche ausser dem Exarchat und der Pentapolis, die so lange mit Rom unter einer Herrschaft gestanden hatten, auch die früheren Besitztitel der Kirche umfasst. Alles will der Papst „in integro" haben, dieser technische Ausdruck kommt mehr und mehr in Anwendung. Dann erscheint als lockendes Bild noch die Unterordnung der Herzogtümer Spoleto und Benevent. Gelang dies alles, dann war eine ganz stattliche römische Kirchenrepublik geschaffen.

Ich komme damit auf den schon oben S. 23 und 29 erörterten Begriff der Respublica Romana sancta ecclesia zurück. Er begegnet, wenn man die Weitschweifigkeit des Stils und die Neigung, fortwährend dasselbe mit wenig veränderten Worten zu sagen, in Anschlag bringt, nicht eben häufig. Ich zähle fünfmal und zwar folgende Stellen: Petro sanctaeque Dei ecclesiae rei publicae Romanorum reddere, — Petri sanctaeque

Dei ecclesie civitates (489, 18, 34); justitia sanctae Dei ecclesiae rei publicae Romanorum (506, 22); propria sanctae Dei ecclesie Romane rei publicae (563, 17) und etwas abweichend: tibi sanctam Dei ecclesiam et nostrum Romanorum rei publice populum comisimus (497, 12). Daneben steht zu lesen: cunctus noster populus rei publice Romanorum, 493, 22 und 496, 40) und ein anderes Mal: fines — civitatum nostrarum rei publicae Romanorum (520, 3). Auffallend ist, dass wie schon in den früher angeführten Stellen (oben S. 29) stets ecclesie voran, rei publice in zweiter Stelle steht und nie ein et dazwischen tritt[1]). Offenbar liegt darin die Einheitlichkeit des ganzen Begriffes. Wenn nicht ständig ecclesia den ersten Platz einnähme, liesse sich vielleicht übersetzen: die römische Republik der heiligen Kirche, so dass man also an eine Zerlegung des gesamten römisch-byzantinischen Reiches, von dem nun ein Teil der römischen Kirche zugefallen wäre, denken könnte. Doch dagegen spricht auch ein anderer Grund. Merkwürdigerweise tritt die Wendung im Papstbuche wie in den Briefen nur im Genitiv oder allenfalls im Dativ auf, so dass nicht zu unterscheiden ist, ob ecclesia oder respublica das regierende Wort sein soll, von dem das andere abhängig ist; aller Wahrscheinlichkeit soll jedoch keines von dem andern bestimmt werden. Ein ganz ähnliches Verhältnis fanden wir oben bei der Phrase: istius Italiae provinciae. Die gesamte Figur: sancte Dei ecclesie rei publice Romanorum ist eine stilistische Bildung, die dem Schreiber nur unter bestimmten Satzbauverhältnissen in die Feder fliesst. Daher ist sie auch dem Wechsel unterworfen; sie kommt und geht wieder, ohne dass ihr Sein oder Nichtsein tiefere Bedeutung hätte. Was gemeint ist, ist ja klar. Vollkommen gleichberechtigt und gleichsinnig ist die den Schreibern geläufigste Wendung von der Justitia beati Petri. Wir sehen also dasselbe Verhältnis, das sich schon im Papstbuche feststellen liess. So wenig wie aus der ista Italia provincia können wir aus der Gottesrepublik scharfe staatsrechtliche Folgerungen ziehen.

---

[1]) Ein ähnliches Verhältnis findet sich in einem Briefe Hadrians: locis — Ravennantium ecclesiae civitatis (634, 10), eine sehr beachtenswerte Parallele für den Stilgebrauch.

Fünfter Abschnitt.

Karl und Hadrian nach dem Papstbuch und den Briefen.

Unter Hadrian fliesst die Quelle des Liber Pontificalis wieder reichlicher. Der neue Papst liess dem Langobardenkönige vorstellen, er wolle das bestehende Friedensbündnis zwischen Römern, Franken und Langobarden[1]) wahren, aber hielt Desiderius vor, dass er die Stephan geleisteten Eide „pro iusticiis sanctae Dei ecclesiae faciendis" gebrochen habe (487). Bald darauf kommt die Nachricht, Desiderius habe Faenza, den Dukat von Ferrara und Comacchio „de exarchatu Ravennae" weggenommen, quae Pippinus — et eius filii — b. Petro concedentes offeruerunt (488). Nach allem, was wir wissen, sind diese Worte nicht genau richtig. Nur Comacchio ist durch Pippin übertragen worden, Faenza und Ferrara hatte Desiderius freiwillig herausgegeben, wenn auch vielleicht Pippin die Abtretung bestätigte. Auch über diese Handlung lässt Hadrian dem Langobardenkönige Vorhaltungen machen. Der König verweigerte nicht nur Genugthuung, sondern besetzte noch andere civitates Romanorum, Sinigaglia, Jesi, Montefeltri, Urbino und Gubbio, und verrichtete noch weitere Gewaltthaten, auch im römischen Dukat (491 f.). Hadrian hatte inzwischen eine merkwürdige Anknüpfung an Byzanz vorgenommen. Als die dorthin gerichteten Bitten vergeblich blieben, ersuchte der Papst König Karl, er möge wie sein Vater zu Hilfe kommen sanctae Dei

---

[1]) Vgl. unten Abschnitt V.

ecclesiae et adflictae Romanorum seu exarchatus Ravennantium provinciae atque plenarias beati Petri iustitias et abstultas civitates ab — Desiderio exigeret (493). Als Karl anfragte, ob der Langobarde wirklich, wie er vorgab, seinen Raub zurückerstattet hätte, liess ihn Hadrian nochmals beschwören: ea quae beato Petro cum — Pippino — pollicitus est adimplere et redemptionem — ecclesiae perficere seu universa quae abstulta sunt a — Langobardorum rege tam civitates et reliquas iustitias — reddere b. Petro (494). Inzwischen erzielt Hadrian den grossen Erfolg, dass die Spoletiner und die Reatiner sich dem heiligen Petrus unterwarfen und zum Eigentum ergaben: dasselbe thun die Bewohner des Herzogtums von Fermo, von Osimo, Ancona und dem castellum Felicitatis (Città di Castello). Der Papst nimmt sie alle „sub iure et potestate beati Petri" (495 f.). Er trat dabei vollkommen wie ein Souverän auf; er handelte nur für sich und im Namen des Papsttums und suchte sich freie Hand zu halten. Dann kommt Karl am 2. April 774 nach Rom und befiehlt dort am 6. April die Ausstellung seiner Urkunde.

Die Wendung von der sancta Dei ecclesia respublica Romanorum kommt nicht vor; desto reichlicher der synonyme Ausdruck: justitiae (487, 11, 19, 25; 488, 15; 493, 16; 494, 13, 22, 28; 495, 9). Wo der Papst einmal von der provincia Romanorum spricht (oben S. 44), ist nur der römische Dukat einbegriffen. Der Standpunkt Hadrians ist ganz der seiner Vorgänger: Wiedererlangung alles wirklichen oder angeblichen Eigentums Petri, möglichste Ausdehnung der politischen Stellung, dazu Freiheit der Bewegung. —

Die Briefe Hadrians im Codex Carolinus beginnen erst mit dem Ende des Jahres 774, nach Karls vollständigem Siege über Desiderius und seiner Heimkehr. Interessant für den Standpunkt, den der Papst vorher einnahm, ist eine Urkunde für das Kloster Farfa von 772, in der er mehrmals von der „nostra Romanorum respublica" spricht [1]). Die Briefe Hadrians in der gleichen Weise, wie die seiner Vorgänger, nach ihrer geschichtlichen Reihenfolge durchzugehen, scheint mir unthunlich und unzweck-

---

[1]) Troya Nr. 958. Später findet sich diese Bezeichnung nur noch einmal 775 in Nr. 57, S. 583, ist aber dort einem früheren Briefe von 756 entlehnt.

mässig. Zu viele Wiederholungen und Rückwärtsweisungen würden erforderlich sein. Daher greife ich zunächst die einzelnen Hauptpunkte heraus, um dann eine Zusammenfassung zu geben.

Auffallend selten, nur in zwei Briefen von Ende 774 und November 775, nimmt Hadrian auf Pippin Bezug, und dann nur für Verhältnisse des Exarchates und der Pentapolis. So Nr. 49 (568, 21): Stephano — cui — genitor tuus — simulque et (tu) ipsum exarchatum sub iure beati Petri permanendum traditum est, und weiter unten (33): ea, quae antea b. P. concessa sunt a — Pippino rege, nunc ablata esse noscuntur, und nochmals (38): Stephani — cui et ipsum exarchatum traditum est. Ausführlicher sind die Urkunden Pippins und Karls in Beziehung gebracht in Nr. 55 (579, 3): cunctaque — adimplere dignemini, quae — Pippinus una vobiscum pollicitus et postmodum tu ipse — dum ad limina apostolorum profectus es, ea ipsa spopondens confirmasti — praesentialiter manibus tuis eandem offeruisti promissionem. Sonst beruft sich Hadrian nur auf Karls persönliche Vergabung.

Beide Briefe, zu denen noch Nr. 54 vom Oktober 775 gehört, betreffen einen Streitfall um den Exarchat und die Pentapolis. Wir kennen über diese Angelegenheit nur die wohl einseitig übertriebene Schilderung des Papstes, der in seiner Weise wiederholt, was der Ravennater Erzbischof Leo angeblich behauptet und gethan hat. Danach hätte Karl Leo das Erzbistum in demselben Umfange übertragen, wie es dessen Vorgänger Sergius innegehabt hatte. Darum beanspruchte Leo die Städte des Exarchates und der Pentapolis. In dem ersten Briefe, Nr. 49, nennt Hadrian als solche mit Namen: Forlimpopoli, Forli, Cesena, Bobio, Comacchio, die schon von Aistulf abgetreten waren, ausserdem Faenza, Ferrara, Imola und Bologna, alles Städte, welche erst Desiderius dem Papsttum überwiesen oder versprochen hatte, und die demnach in der von Pippin 756 gegebenen Verbriefung der Abtretung Aistulfs nicht genannt waren. Auch die gesamte Pentapolis beanspruche Leo; in Ravenna reisse er die Geschäftsleitung an sich. In dem zweiten Briefe, Nr. 54, redet Hadrian zwar noch allgemein von den Städten; Leo lasse weder aus dem Gebiete von Ravenna noch aus der Emilia die Leute nach Rom zu amtlichen Verrichtungen. Doch macht er Unterschiede. Die Städte der Pentapolis, welche schon Stephan anhingen, seien auch ihm treu und gehorsam. Dagegen seien die päpstlichen Beamten aus den Städten der Emilia und aus Gavello (das auch erst Desiderius übergeben hatte) vertrieben worden. Ausdrücklich sagt Hadrian: Leo bestreite, dass Imola und Bologna dem Papste zugestanden seien. Der Papst ermahnt dem gegenüber Karl, alles zu erfüllen, was er durch seine Donation versprochen habe. Auch im dritten Briefe, Nr. 55, wiederholt Hadrian, dass Leo Imola und Bologna als ihm, nicht aber dem heiligen Petrus verliehenes Eigentum verlange, auch in Gavello habe er den päpstlichen Grafen gefangen genommen. Von den übrigen Städten, Faenza, Ferrara, Comacchio, Forli, Forimpopuli, Cesena und Bobio berichtet der Papst nur, niemand werde von dort nach Rom zu Unterthanensachen gelassen.

Erzbischof Leo bezog sich also auf die Gerechtsame seines Vorgängers Sergius. Dieser bestieg den Ravennater Stuhl vor 752, ehe das Bündnis zwischen Pippin und der Kurie geschlossen wurde. Er geriet dann mit Papst Stephan in Streit, der ihn gewaltsam nach Rom führen liess, „dum contra eius voluntatem agere spiritu superbiae nitebatur" [1]). Doch kehrte Sergius wieder auf seinen Sitz zurück. Die Ravennater Bistumsgeschichte, die freilich ziemlich verworren ist, behandelt ihn ausführlich und erzählt namentlich, er habe die ganze Pentapolis und bis nach Tuscien hin regiert, wie ein Exarch, wie es jetzt die Römer thäten [2]). Er starb nach dem August 769. Sein Nachfolger Leo wurde erst nach längeren Wirren durch päpstlichen Beistand Erzbischof. In Ravenna erzählte man später, ihm vornehmlich hätte König Karl den Sieg über Desiderius zu verdanken gehabt [3]). Wie dem sein mag, so ist leicht verständlich, dass der stolze Erzbischof von Ravenna nicht der Unterthan des Papstes sein wollte und seine wirklichen oder vermeintlichen Rechte bei Karl geltend machte. In der Pflicht des Königs lag es, allen ihr Recht zu gewähren; den

---

[1]) Cod. Carol. Nr. 49, S. 568, 43.
[2]) Script. rer. Langobard. 380.
[3]) Vgl. Simson 138 Anm. 2.

Bescheid, welchen er Leo gegeben hat, kennen wir jedoch nur durch den Brief Hadrians, also aus dritter Hand. Aber die Annahme liegt nahe, dass Karl Leo gewähren wollte, was dieser rechtlich beanspruchen durfte; der Erzbischof griff dann frisch zu. Die Briefe ergaben, wie sich der Zank allmählich auf Städte zuspitzte, welche 756 Stephan noch nicht verliehen wurden, über die also keine Urkunde des fränkischen Königs vorlag. Die urkundliche Grundlage muss demnach eine entscheidende Rolle gespielt haben. Nur im ersten Briefe, Nr. 49, behauptet Hadrian, Pippin habe Stephan den Exarchat übertragen[1]), und verlangt einige Sätze hinterher (569, 13), dass er über den ganzen Exarchat so verfügen dürfe, wie es Stephan zur Zeit Pippins gethan habe. Diese letzte Aeusserung war dem Thatbestande gegenüber verfänglich. Bald darauf reiste Leo zu Karl (575, 34) und kehrte übermütig zurück (577, 19); er steifte sich auch jetzt namentlich auf Gavello, Imola und Bologna. Hadrian erinnert nochmals an Pippins Versprechen und zugleich an dessen Bestätigung durch Karl. Aber jetzt heisst es wieder nur wie früher bei seinen Vorgängern: cuncta perficere et adimplere. Der Schluss ist demnach geradezu zwingend, dass weder Pippin noch Karl mit unzweideutigen und klaren Worten den gesamten Exarchat verliehen haben kann. Hadrian wiederholt seine frühere Behauptung nicht mehr, während doch nichts einfacher gewesen wäre, als den Wortlaut anzuführen. Schüchternheit oder Besorgnis können ihn nicht gehindert haben, weil er bei seinem Verlangen nach dem ganzen Exarchate verharrt. Damit schliessen die Akten über den Handel. Obgleich uns aus den folgenden Jahren Briefe genug vorliegen, kommt Hadrian nicht mehr auf den Streitfall zurück; er muss also schon etwa Ende 775, noch vor dem Tode des Erzbischofs Leo, der im Februar 777 erfolgte, erledigt worden sein, und zwar so, dass Karl die Ansprüche des Papstes erfüllte.

Wir können demnach ohne allzugrosse Kühnheit die Vermutung annehmen, dass die Ravennater Angelegenheit in ihrem

---

[1]) Ueber den in diesem Handel oft wiederkehrenden Ausdruck concedere vgl. unten S. 51 f.

gesamten Thatbestande geprüft und ihm gemäss zu Gunsten Hadrians entschieden worden ist. Das Gleiche ergibt sich in einer andern Frage.

Ausserordentlich lehrreich sind die Verhandlungen über das Patrimonium der Sabina, die sich nach den Briefen von 778 bis 782 hinzogen. Das Papstbuch berichtet, schon Papst Silvester und Kaiser Konstantin hätten dortige zahlreiche Gehöfte und Ländereien der römischen Kirche geschenkt; König Liutprand gab dann das Patrimonium, nachdem es bereits seit 30 Jahren verloren war, dem Papste Zacharias zurück [1]). Doch muss es später wieder abhanden gekommen sein.

Die erste Erwähnung dieses Patrimoniums geschieht 778 in dem Briefe Nr. 60, der mir für unsere gesamte Sache von durchschlagender Wichtigkeit zu sein scheint. Nach einer von Ergebenheit überfliessenden Einleitung bittet Hadrian den König: ut secundum promissionem, quam polliciti estis — apostolo —, omnia nostris temporibus adimplere iubeatis, ut ecclesia — in omnibus amplius quam amplius — exaltata permaneat et omnia secundum vestram pollicitationem adinpleantur. Wie zu den Zeiten Silvesters durch Konstantin „per eius largitatem — elevata atque exaltata est et potestatem in his Hesperiae partibus largiri dignatus" [2]), so möge auch jetzt die Kirche sich freuen, dass ihr in Karl ein neuer Konstantin erstanden sei, per quem omnia Deus — ecclesiae — largiri dignatus est. Sed et cuncta alia, quae per diversos imperatores, patricios etiam et alios Deum timentes — in partibus Tusciae, Spoletio seu Benevento atque Corsica simul et Savinense patrimonio b. Petro — ecclesiae concessa sunt et per nefandam gentem Langobardorum per annorum spatia abstulta atque ablata sunt, vestris temporibus restituantur; unde et plures donationes in sacro nostro scrinio Lateranense reconditas habemus. Tamen et pro satisfactione [3]) — regni vestri — ad demonstrandum eas vobis direximus. Et pro hoc petimus —, ut in integro ipsa patrimonia

---

[1]) Lib. pont. I, 170—188; 428.

[2]) An diese Stelle knüpft sich bekanntlich der Streit, ob Hadrian schon die bekannte Konstantinische Schenkung gemeint hat. Für uns kommt er nicht in Betracht.

[3]) D. h. zur Unterrichtung; vgl. oben S. 25 Anm.

b. Petro et nobis restituere jubeatis. Die Gesandten werden nähere Auskunft geben.

Wir haben hier ein ganzes Programm des Papstes. Zuerst der bekannte Wunsch, Karl möge alles erfüllen, was versprochen ist. Während aber sonst keine Einzelheiten angegeben werden, folgen sie hier. Exarchat und Pentapolis erscheinen nicht mehr auf der Bildfläche; wir dürfen annehmen, dass die dortigen Verhältnisse endgültig geregelt waren (vgl. oben S. 47). Ganz bestimmte andere Forderungen erhebt der Papst: alles, was in den genannten Gebieten einst der Kirche von irgend welchen Persönlichkeiten verliehen oder geschenkt und dann **von den Langobarden entrissen worden ist.** Also ein klares Verlangen, und der Papst erbietet sich, darüber die Urkunden vorzulegen. Er nennt sie Donationes (vgl. auch 603, 16); auch hier bestätigt sich das vorher (oben S. 22) über dieses Wort Nachgewiesene, seine allgemeine Bedeutung. Hadrian ist mit einer rechtlichen Prüfung vollkommen einverstanden, er will selbst die Grundlagen dafür liefern. Ausdrücklich fügt er hinzu, dass es sich nur um **Patrimonien** handle, die er „in integro" zurückerstattet wünscht. Indem er zurückgreift auf die Kaiser und frühere Zeiten, kann er unter den Langobarden nicht nur Desiderius, Aistulf und etwa noch Liutprand meinen, sondern er denkt an alle Langobarden, welche Güter des heiligen Petrus in Besitz nahmen. Der Rechtstitel ist ein gewissermassen persönlicher, kein fiktiver oder wer das lieber sagen will, ideeller, wie der für Exarchat und Pentapolis vorgeschobene. Nicht wie dort betrachtet sich das Papsttum als berechtigt zu ehemalig byzantinischem, nun herrenlos gewordenem Gute. Völlig andere Gesichtspunkte werden für diese Gebiete geltend gemacht; die auf sie erhobenen Ansprüche sind demnach in ihrem Wesen verschieden von den vordem auf Exarchat nebst Zubehör gestellten.

Zu Ende des Jahres 780 hatte Karl seine zweite Fahrt nach Italien angetreten. Im Frühjahr 781 erschien er in Rom. Zu Ostern, am 15. April, fanden dort grosse Feierlichkeiten statt. Karls Sohn, Karlmann-Pippin, wurde von Hadrian, der zugleich Patenstelle vertrat, getauft, ein enges Verhältnis, auf das beiderseits grosser Wert gelegt wurde. Pippin und Ludwig empfingen die Salbung zu Königen. Gewiss wird der Papst diese Gelegenheit benutzt haben, um Karl seine Wünsche ans Herz zu legen, der König ebenfalls zu Gunstbezeigungen geneigt gewesen sein. Jedenfalls kam es dabei zur Erörterung über die Beurkundung von 774, und vermutlich auf der Grundlage des päpstlichen Schreibens Nr. 60 von 778. Aber wir haben auch ein unmittelbares Zeugnis über diese Tage. Anderweitig ist uns ein Schreiben Hadrians vom Jahre 788 erhalten. Das Original ist stark zerstört, doch mit ziemlicher Sicherheit lässt sich folgendes entnehmen. Der Papst spricht von der Stadt Capua: de qua praecellentissimus filius et spiritalis conpater noster — Carulus — donationem b. Petro — cum sua praecellentissima coniuge domina regina eorumque novilissimos suvoles et cunctis episcopis abbatibus necnon et omnes novilissimi Franci — [1]). Alle diese Angaben weisen auf jene Festtage von 781, die Erwähnung der Kompaternität, der Anwesenheit von Karls Gemahlin und Kindern, lauter Umstände, die nicht auf 774 und ebensowenig auf Karls spätere Anwesenheit in Rom im Frühjahr 787 passen. Allein diese Nachricht über die Schenkung Capuas ist die einzige sichere und bestimmte, die wir über die damaligen Verhandlungen kennen.

Alsbald nach der Abreise Karls kam die Angelegenheit der Sabina in guten Fortgang, wie uns Brief Nr. 68 belehrt. Ich fasse zunächst die Geschichte dieses Patrimonium zusammen.

Hadrian preist den König wegen seiner Geschenke (munera) an die Kirche, tam de civitatibus quam de diversis territoriis sub integritate — apostolo a vobis offertis. Daher bittet Hadrian, ut — Savinense territorium sub integritate concessum est [2]), ita eum tradere. Die zwei folgenden Schreiben Nr. 69 und 70, gleichfalls von 781, veranschaulichen den Hergang. Karl hat Boten, Itherius und Maginarius, geschickt, welche im Verein mit den päpstlichen das Patrimonium dem heil. Petrus „concedere" sollen. Vor ihnen bezeugen uralte Greise das

---

[1]) Cod. Carol. Appendix Nr. 1, S. 654.
[2]) Alle jene Städte sind nur offertae, dieses concessum; vgl. unten S. 51.

Anrecht der römischen Kirche, dennoch erhält der Papst noch nicht das Patrimonium in integro. Denn wie Brief 71 und 72 kund thun, andere, natürlich schlechte und verderbte Menschen, traten hindernd ein. Sie machten geltend, dass Desiderius das Patrimonium nicht sub integritate, sondern nur die Landgüter, deren alten Besitz die Kirche beweisen konnte, zurückerstattet hätte; auch andere Urkunden scheinen dem Papste ungünstig gelautet zu haben.

Es ging also dem Geschäfte eine sehr sorgfältige Prüfung aller Titel durch die kaiserlichen Boten zur Seite, die ebenso den begründeten Rechten anderer genügen wollten, wie sie sich von Hadrian gültige Beweise vorlegen liessen. In den päpstlichen Briefen kommt nach Nr. 72, die dem Jahre 782 angehört, der Handel nicht mehr vor; er muss also bald geschlichtet worden sein. In welcher Weise, besagt eine Stelle des Ludovicianum: Eodem modo territorium Sabinense, sicut a — Karolo — Petro — per donationis scriptum concessum est sub integritate, quemadmodum ab — Itherio et Maginario abbatibus missis illius inter idem territorium Sabinense atque Reatinum definitum est. Wir erfahren hier also, die Echtheit des Privilegs vorausgesetzt, von einem besonderen nachträglichen Beurkundungsakt. Uebersieht man die Vorgeschichte, dann erscheint der Hergang klar und unauffällig. Die bösen Menschen, über die der Papst klagt, waren gewiss die Bewohner von Rieti, die irgend welche Rechte geltend machten. Der Streit wurde geschlichtet — wann, geht aus dem Ludovicianum nicht hervor — und, um die Frage völlig zu erledigen, auch besonders beurkundet, wie es im Interesse aller Beteiligten lag. Dass diese Beurkundung erst nachträglich, nicht schon bei Karls Anwesenheit in Rom, erfolgt sein kann, geht aus den letzten Sätzen des Ludovicianum klar hervor. Dagegen mag Karl damals grundsätzlich zugestanden haben, dass die Sabina, wenn die päpstlichen Belege zutrafen, alsbald überantwortet, „concedirt", würde.

In diesen Verhandlungen über die Sabina begegnet vielfach das Wort concedere. In dem ersten, die Forderung einleitenden Schreiben Nr. 60 bezieht sich Hadrian nur auf promissio und polliceri, dagegen steht concedere in fast allen folgenden, welche die Uebergabe, die contraditio, des Patrimonium betreffen: 598, 3; 599, 7. 29; 600, 24; ebenso im Privileg Ludwigs. Noch häufiger steht dabei oder sonst die nähere Bezeichnung in integro oder sub integritate. Nach dem ersten Briefe, der die Bitte enthält, hat Karl das Patrimonium grundsätzlich concedirt, nur noch die einzelnen Verhältnisse prüfen lassen; allein die Ausführung verzögerte sich. Hat nun „concedere" einen scharf ausgeprägten Sinn?

Wo in den Briefen von den durch Pippin und Karl eingegangenen Verpflichtungen gesprochen wird, begegnen gewöhnlich die Worte polliceri, promittere, conferre, am häufigsten und namentlich in Hadrians Schreiben beliebt: offerre. Seltener erscheint daneben concedere. Ich hebe einige Stellen hervor, die bezeichnend sind. Papst Paul benachrichtigt Nr. 30 nach dem Jahre 761 Pippin von der Absicht des Desiderius, das Gebiet von Ravenna und Rom anzugreifen, und bittet 536, 33, dafür zu sorgen, dass haec provincia vestro certamine redempta et a vobis — Petro concessa — permaneat etc. Das geschah also, nachdem Ravenna oder doch der grösste Teil des Landes dem Papste wirklich übergeben war. Interessant ist eine Zusammenstellung bei Nr. 37 (548): quae b. Petro polliciti et — concedere studuistis. In Nr. 40 heisst es von dem Erzbischofe Leo (vgl. oben S. 45 ff.), er behaupte, ihm seien von Karl die Städte, die er eingenommen hatte, concessae (568, 15). Einige Zeilen später (34) findet sich der Gegensatz: quae antea b. Petro concessa sunt a Pippino, nunc ablata esse noscuntur. In jenem Streite mit Leo leugnet dieser, dass Karl die Städte Imola und Bologna dem Papste „concessit", sondern sie seien ihm selber „concessae" (577, 31, vgl. 579, 30) [1]). Gerade in diesen Briefen, welche die Ravennater Angelegenheit mit Leo behandeln, ist die Anwendung von concedere im Vergleich mit promittere u. dgl. lehrreich.

Concedere ist also mehr als zugestehen, es bedeutet im verstärkten Sinne: rechtlich zusprechen, einräumen zu dem Zwecke der Auslieferung. Im gewissen Zusammenhange damit steht der Zusatz: in integrum, der, wie im Papstbuche, auch

---

[1]) Aus späteren Briefen citiere ich 623, 26 und 635, 20.

in den Hadrianschen Briefen bei gewissen Gelegenheiten häufig angewandt wird. In älteren Briefen findet er sich weniger. So in Nr. 11 S. 505, 31 und 506, 27, wo sich das Wort gleich in seinem eigentlichen Sinn zeigt, dem des vollständigen und freien Besitzrechtes einer Stadt oder eines Gutes mit dem gesamten Zubehör. Ganz entsprechend ist die Bedeutung 521, 26 und 567, 34. Unter der Integrität verstand demnach Hadrian die unbeschränkte Verfügung und Verwaltung, d. h. sämtliche Rechte des Grund- und Landesherrn.

Die Sabina wird zurückerstattet auf Grund alter päpstlicher Rechte. Daher bedurfte es keiner neuen Verleihungsurkunde. Dass die im Ludovicianum erwähnte erst nach 781 ausgestellt sein kann, sahen wir bereits. Denn wenn Hadrian 782 in Nr. 72 über die Sabina schmeichlerisch schreibt: Nos quidem neque imperatoribus neque regibus gratias agimus, nisi tantum modo vestrae — excellentiae, quia noviter eum — sub integritate condonastis, so weist er einmal auf seine alten Rechte hin; das „noviter" kann sich zwar auf den Ausführungsbefehl, dessen wir eben gedachten, aber ebensogut noch auf die Urkunde von 774 beziehen. Denn noviter bedeutet sowohl „neulich" wie „von neuem", und der vorhergehende Satz macht sogar die letztere Uebersetzung gewiss.

Auch in Tuscien behauptete Hadrian in dem Briefe Nr. 60, ebenfalls rechtlich begründete Ansprüche zu besitzen. In der That hatten dort schon unter Desiderius Ausgleiche stattgefunden (Abschnitt IV, S. 40). Schon vor jenem Schreiben, im Jahre 776, beklagte sich der Papst über den Herzog Reginald von Clusium, er wolle „ea, quae b. Petro — offertae sunt", an sich reissen und habe sich der päpstlichen (nostrae) Stadt Castrum Felicitatis bemächtigt. Die Bewohner der Stadt hatten sich vor Karls Ankunft in Rom dem Papste ergeben[1]). Weist hier das Verstummen weiterer Klagen auf rasche Erledigung, so hatte Hadrian sich um andere Rechte länger zu bemühen. Das waren die Städte Populonia und Roselle (das spätere Grosseto). Es ist sehr wahrscheinlich, dass erst die dritte Anwesenheit Karls in Rom im Frühjahr 787 die Sache förderte.

---

[1]) Lib. pont. I, 496.

Nach ihr begehrte Hadrian, Nr. 79, das Gebiet der beiden Städte, wie sie ihm „antiquitus" gebührten, ut vestrae regalis oblationis donatio finetenus maneat inconvulsa. Der Anspruch führt demnach zurück auf ursprüngliches Eigentumsrecht; doch musste Hadrian im folgenden Jahre die Bitte wiederholen (Nr. 80 und Nr. 84), indem er bemerkt, er wolle die Städte besitzen „in eorum libertate, regere et gubernare omnem eorum habentes legem". Offenbar machten die königlichen Missi, über die Hadrian Klage führte, ihm den vollständigen und unumschränkten Besitz streitig. Von tuscischen Städten, die, wie es scheint, ohne Schwierigkeit ihm eingeräumt wurden, nennt der Papst in Nr. 80: Soana, Viterbo, Toscanella und Bagnorea. Jedenfalls geschah auch in Populonia und Roselle dem Papste sein Willen.

Schwieriger ist das rechtliche Verhältnis anderweitig zu erkennen. Von jeher haben die Verhandlungen über die Herzogtümer Spoleto und Benevent die Forscher interessirt. In den Briefen, die vor 774 liegen, ist keine Stelle vorhanden, welche darauf hinwiese, dass die Päpste sie auf Grund der von Pippin gemachten Versprechungen eingefordert hätten. Nur die Stadt Narni, welche auch auf spoletinischem Boden stand, macht eine Ausnahme. Wir kennen da aber die besonderen Gründe (vgl. oben S. 28): man könnte daher geradezu behaupten, dass dieser Einzelfall beweise, wie die Päpste damals noch nicht das Herzogtum an sich gefordert hätten. Es war zwar auch einst Byzanz unterworfen gewesen, doch seit Jahrhunderten im langobardischen Besitz, oder in dem besonderer Herzöge [1]).

Im Jahre 757 benachrichtigte Stephan freudig Pippin, die Spoletiner und Beneventaner wollten sich durch ihn dem Könige commendiren (oben S. 39 ff.). Papst Paul klagt darauf im Jahre 758 über das gewaltthätige Vorgehen des Desiderius gegen die beiderseitigen Herzöge, das den Frankenkönig verletzen müsse, da sich diese in seine Gewalt gegeben hätten (515; vgl. oben S. 39). Desiderius erreichte seinen Zweck, die Herzöge in Gehorsam zu erhalten; zu Anfang der sechziger

---

[1]) Vgl. Sackur 8.

Jahre ersucht der Papst Pippin, er möge Desiderius auffordern, dass dieser die Rom benachbarten Beneventaner und Spoletiner zur Hilfeleistung gegen die Griechen veranlassen möge (536). Als dann das gute Einvernehmen zwischen Paul und Desiderius wiederhergestellt war, berichtete ersterer etwa im Jahre 765 erfreut, der gegenseitige Ausgleich der beiderseitigen justitiae in den Herzogtümern nehme glücklichen Fortgang (oben Abschnitt IV). Offenbar handelte es sich um einzelne Besitzfragen [1]). Endlich erfahren wir, dass ein Bote Pippins ins Beneventanische gegangen ist: pro recolligendo illis in partibus situm patrimonium Petri (564). Das Papstbuch erzählt dann ausführlich und triumphirend, dass zunächst einige angesehene Personen aus Spoleto und Rieti sich in das Eigentum des Papstes begeben hätten und dann nach der ersten Niederlage des Desiderius reliqui omnes ihrem Beispiele gefolgt wären. Der Papst gab ihnen dann in Hildebrand einen Herzog nach ihrer Wahl (495 f.).

Die Rechtsansprüche des Papstes auf die Herzogtümer in ihrer Gesamtheit waren demnach mehr als zweifelhaft. Sah Karl in den älteren Papstbriefen nach, dann fand er, dass sich früher die Spoletiner und Beneventaner dem Frankenreiche ergeben hätten. Die letzte Verpflichtung gegen Rom war erst erfolgt, als der König bereits siegreich in Oberitalien stand, lange nach der Eröffnung des Krieges gegen das Langobardenreich; doch liess Karl den Herzog Hildebrand an der Spitze, aber als seinen Untergebenen, wie auch Hildebrand selbst seine Stellung auffasste.

Schon Ende 775 erhob Hadrian Beschwerden im Briefe Nr. 56. Er sei gewiss, Karl wolle bei dem bleiben, quae pariter loquentes inter nos convenerunt. Aber die königlichen Gesandten seien, ohne ihn, der sie sehnsüchtig erwartete, zu beachten, zum Herzoge von Spoleto, den sie dadurch in seinem Trotze bestärkten, und dann nach Benevent gegangen. Karl solle sich erinnern: qualiter nobis — ore affati estis, dum ad limina — Petri et Pauli properati estis, nämlich er sei nur be-

---

[1]) Ueber den alten Grundbesitz der Kirche in den Herzogtümern siehe Sackur 8.

strebt: pro iustitiis b. Petri exigendis. Daher möge ihn Karl trösten: quia et ipsum Spoletinum ducatum vos praesentaliter offeruistis — Petro[1]) und die Angelegenheit recht schnell erledigen lassen: prenominatum Spoletinum ducatum celerius effectui mancipetis. In dem folgenden Briefe, Nr. 57, beschuldigt der Papst die Herzöge gar, sie wollten ihn angreifen, und beschwört Karl, selber zu kommen und zu vollenden: quae — apostolo vestris propriis offeruistis manibus.

Anders lautet der schon oben S. 48 f. besprochene Brief Nr. 60 vom Mai 778. Hier bezieht sich der Papst auf alte Schenkungen, die er zurückfordert, in partibus Tusciae, Spoletio seu Benevento. Kein Zweifel, dass hier nicht die Herzogtümer in ihrer Gesamtheit gemeint sind. Im Jahre 779 erbat sich Hadrian die Erlaubnis, in partibus Spoletii Holz schlagen zu lassen, weil in seinem Lande (in nostris finibus) solches nicht zu finden sei (Nr. 65). Nirgends nehmen die späteren Briefe auf nähere Rechtsansprüche des Papstes Bezug; da er sonst nicht zu schweigen pflegte, wo er seine Rechte gekränkt glaubte, mag er demnach erhalten haben, was er mit Recht verlangen konnte, wie die Sabina.

Erheblich mehr hören wir über das Herzogtum Benevent. Auch dort hatten die Päpste alten Grundbesitz (vgl. oben S. 40 u. 48). Hadrian hatte schon 778 einige Städte Campaniens inne, aliquantas civitates nostras, welche ihm die Beneventaner mit Hilfe von Gaeta und Terracina entziehen wollten (Nr. 61). Es ist demnach wahrscheinlich, dass sie nicht in dem römischen, sondern in dem beneventanischen Campanien lagen, und dann dürfen wir annehmen, dass sie zum alten Besitzstand der Kirche gehörten. In dem Herzogtum Benevent war Karls Herrschaft nach dem Siege über Desiderius keine thatsächliche geworden, und die Ordnung der politischen Verhältnisse erfolgte erst 786 und 787. Im August 787 starb Herzog Arichis, über dessen Feindseligkeit Hadrian oft hatte klagen müssen (Nr. 61, 64, 65). Erst 787 schreibt der Papst über seine dortigen Forderungen, indem er Nr. 79 Karl bittet,

---

[1] Ueber diese Wendung kann erst später gesprochen werden, unten Abschnitt VI und VII.

Boten zu senden, qui nobis secundum vestram donationem ipsas civitates sub integritate tradere in omnibus valeant. Der gleiche Wunsch steht in Nr. 80. Der Papst schildert die Schwierigkeiten, die von Benevent her drohen; nicht aus Habsucht wolle er die civitates, quas b. Petro et nobis condonastis, sondern im Interesse der Kirche und Karls. Daher bittet er, die Missi anzuweisen, dass sie: sub integritate civitates partibus Beneventanis, sicut eas per vestram sacram oblationem b. Petro et nobis contulistis, in omnibus contradere valeant. Der Papst schreibt in denselben Zeilen in gleicher Weise von den Städten Populonia und Roselle (vergl. oben S. 53 f.). Auf das ganze Herzogtum können also diese Worte unmöglich gehen. Welche Städte gemeint sind, offenbart einigermassen Nr. 82: Capua, quae — Petro — cum ceteris civitatibus offeruistis. Die Bewohner dieser Stadt nahm der Papst in eidliche Pflicht gegen sich und den König (Nr. 83). Noch eingehender lässt Nr. 84 die Sachlage erkennen. Gesandte Karls sind beauftragt, de civitatibus partibus Beneventanis, quibus — Petro et nobis devota obtulistis mente, de Rosellas, de Populonio alles auszuführen, wie es dem heiligen Petrus und dem Papste gefällt. Aber sie hätten weder hier noch dort die Befehle ausgeführt; sie wollten nur ausliefern episcopia, monasteria et curtes publicas, simul claves de civitatibus sine hominibus. Aber was nützten die Städte ohne die homines; er wünsche überall die volle Regierungsgewalt auszuüben. Auch hier sehen wir lediglich den Streit um einzelne Städte, von denen nur Capua genannt wird.

Eine willkommene Ergänzung über Capua gibt uns der oben S. 50 schon erwähnte Brief von 788. Der Papst teilt den Gesandten mit, zu ihm seien einige Bürger aus Capua gekommen, da sie gemäss der von Karl gemachten Donation des Papstes Unterthanen seien. Hadrian bittet daher um Rat, ob er sie annehmen solle. Ein zweiter Brief berichtet über Verhandlungen der königlichen Gesandten in Benevent und Salerno. Die Sache ist nicht deutlich. Die Beneventaner verlangen Sicherheit über die Städte, welche Karl dem Grimoald, dem Sohne des Herzogs Arichis, geschenkt hatte, und Ueberlassung der Städte, welche Karl Petrus und dem Papste geschenkt hatte¹). So viel geht auch aus dieser unklaren Stelle hervor, dass keineswegs die Ueberweisung des ganzen Herzogtums an den Papst in Verhandlung stand.

Wir sahen nun oben S. 50, dass 781 eine Donation, also eine Ueberweisungsurkunde über Capua gegeben wurde. Ob sie nur auf diese Stadt oder auch auf andere lautete, ist nicht bekannt; ebensowenig vermögen wir zu sagen, ob der Papst auf Capua alte Ansprüche geltend machen konnte. Es ist sehr wohl denkbar, dass Karl 781 sich veranlasst fühlte, dem Papste ein besonderes Geschenk zu machen und dass dieses in Capua und vielleicht noch anderen Städten des beneventanischen Campaniens bestand. Erst 787 konnte an die Einlösung der Vergabung gegangen werden.

Schon Pippin hatte Papst Paul zur Erlangung des Patrimonium von Neapel Förderung geleistet (oben S. 40). Hadrian beschloss 778 einen Feldzug gegen Gaeta und Terracina, welche ihn gemeinsam mit dem Patricius von Sizilien bekriegen wollten (Nr. 61). Er eroberte auch Terracina, das er in seinen und Karls Besitz nahm, doch entrissen ihm Griechen und Neapolitaner die Stadt wieder. Der Papst war bereit, auf Terracina für das Patrimonium zu verzichten (Nr. 64). Weiteres ist nicht bekannt. Offenbar handelte der Papst auf eigene Hand.

Venetien wird in den Briefen Hadrians nicht erwähnt²). Ein Schreiben Stephans III. bezeugt, dass Venetien in den Frieden, den Pippin mit Aistulf machte, einbegriffen war. Wenn dies auch vermutlich auf päpstlichen Wunsch geschah, ist daraus kein Schluss auf Besitzrechte zu ziehen. Auch Istrien war in den Frieden einbegriffen. Dort lag ein päpstliches Patrimonium. Als Bischof Mauricius nach 774 päpstliche „pensiones beati Petri, qui in — territorio iacebant", einziehen und an Hadrian senden wollte, blendeten ihn die Griechen, da sie ihn beschuldigten, er wolle das Territorium unter die Gewalt Karls bringen (Nr. 63). Der Papst also denkt nicht daran, Istrien durch Karl zu erlangen, sondern begehrt nur gewisse Einkünfte.

---

¹) Cod. Carol. Appendix Nr. 1 u. 2, S. 654 ff.
²) Ueber Venetien und Istrien vgl. Sackur 6 ff. Vgl. auch Abschnitt VII.

Von Corsica ist nur die Rede in der von Hadrian 778 in Nr. 60 aufgestellten Uebersicht über seine Rechtsansprüche. Da es nie in Karls Gewalt kam, blieben auch die päpstlichen Ansprüche in der Luft schweben [1]).

Das sind die Ergebnisse aus den päpstlichen Briefen über Besitzrechte, Besitzansprüche und deren Erfüllung.

---

[1]) Ueber Corsica vgl. Dove a. a. O. 205 ff.

Sechster Abschnitt.

Das Ludovicianum. Die Ergebnisse.

Das schon erwähnte Privileg Kaiser Ludwigs des Frommen vom Jahre 817 für den Papst Paschalis I.[1]), enthält eine ausführliche Bestätigung der päpstlichen Besitzungen und ausserdem anderweitige Bestimmungen. Bekanntlich wurde früher seine Echtheit allgemein bezweifelt, während heute nach den Untersuchungen Fickers und Sickels kaum noch Bedenken obwalten, mit Ausnahme einer einzigen Stelle. Für uns kommt hier zunächst nur in Betracht, wie es sich stellt zu den Angaben über die Verleihungen Pippins und Karls, welche in den Papstbriefen enthalten sind. Die einzelnen Gruppen beider Ueberlieferungsquellen müssen zusammengehalten werden.

Zunächst nennt das Privileg gewisse Gebietseinheiten mit der Einführung: sicut a predecessoribus vestris usque nunc in vestra potestate et ditione tenuistis et disposuistis. Sie gelten demnach als alter Besitz der Päpste, der ihnen nach eigenem Rechte zukommt und von niemandem geschenkt worden ist. Es ist dies die Stadt Rom mit ihrem Dukat und allen Städten in partibus Tuscie. Sechzehn Städte werden als dazu gehörig aufgezählt. Keine von ihnen ist unter Karl den Päpsten streitig gemacht worden. Von einigen wissen wir, dass sie König Liutprand geschenkt hatte, wie Sutri, Amelia, Orta; auch die Geschichte von Narni, das hier mit inbegriffen wird, ist

---

[1]) Neueste Drucke bei Sickel Das Privilegium Otto I. für die Römische Kirche 174, und Boretius M. G. Capitularia regum Francorum I, 353. Vgl. Mühlbacher, Reg. 622.

uns bekannt. Im ganzen haben wir ein abgeschlossenes Gebiet vor uns, das sich geographisch und geschichtlich an den römischen Dukat angliedert, aber, weil von den Päpsten behauptet, ohne weiteres nach dem Sturze der byzantinischen Herrschaft in ihre Gewalt überging. Daher war eine Schenkung durch Pippin nicht notwendig. Mit gleichem Besitzrecht fügt das Privileg sieben Städte Campaniens hinzu, die als zugehörig zum römischen Dukat und daher ihm rechtlich gleichgestellt betrachtet wurden.

Die zweite Gruppe bilden Exarchat und Pentapolis. Sie wird eingeführt mit den Worten: Necnon et exarchatum Ravennatem sub integritate cum urbibus civitatibus oppidis et castellis, que — Pipinus rex ac — Karolus imperator b. Petro apostolo et predecessoribus vestris iam dudum per donationis paginam restituerunt. Unter den namentlich aufgeführten Städten des Exarchates sowie der Pentapolis sind unterschiedlos durcheinander gestellt sowohl die Städte, welche 756 urkundlich überwiesen wurden (oben S. 26), sowie diejenigen, welche erst später Desiderius einräumte (oben S. 26, 39). Die Anordnung ist geographisch nach der natürlichen Lage der Orte. Die Absicht des Schriftstückes war nur, die Komplexe in sich näher zu bezeichnen. Die Aufzählung wurde aus praktischen Gesichtspunkten gemacht und geht daher nicht auf einzelne Urkundenvorlagen zurück. Karl wird Kaiser genannt; in allem waltet die Anschauung der späteren Zeit, in welcher das Ludovicianum abgefasst wurde. Dass Pippin und Karl diese Städte restituierten, ist ja auch historisch richtig; auf Einzelheiten kam es nicht an. Daher ist es unstatthaft, anzunehmen, wenigstens durch nichts zu begründen, dass die Urkunden von 754 oder 774 diese Städte ebenfalls mit Namen aufzählten.

Dann folgt der Satz über die Sabina, den wir bereits anderweitig verwertet haben (oben S. 51). Darauf geht es weiter: Item in partibus Tuscie Longobardorum castellum Felicitatis, Urbivetum, Balneum regis, Ferenti, Castrum Viterbum, Orclas, Martam, Tuscanam, Suanam, Populonium, Rosellas. Der grössere Teil der angeführten Städte wird in den päpstlichen Briefen erwähnt (vgl. oben S. 53 f.); dass auch die übrigen kleinen hier mit Recht stehen, kann ohne Bedenken angenommen werden.

Wahrscheinlich liegt somit eine genauere Aufzählung der Besitzungen in Tuscien vor, welche Hadrian 778 begehrte. Beachtenswert ist auch, dass in den späteren Briefen keine Stadt beansprucht wird, die hier nicht mit einbegriffen ist. Dass über. diese Städte noch eine nachträgliche besondere Abmachung getroffen wäre, sagt die Urkunde nicht.

Doch mit Rosellas ist der Satz in dem Ludovicianum noch nicht zu Ende, er geht vielmehr weiter: et insulas Corsicam, Sardiniam et Siciliam sub integritate cum omnibus abiacentibus ac territoriis maritimis litoribus portubus ad suprascriptas civitates et insulas pertinentibus. Dass die drei Inseln fälschlich eingeschoben sind, wird allgemein angenommen und gewiss mit Recht. Darauf deutet meiner Ansicht nach das folgende „sub integritate", das unmöglich auf die Inseln bezogen werden kann; wahrscheinlich stand es unmittelbar nach Rosellas. Lehren doch die Briefe Hadrians zur Genüge, wie er auf vollständige Uebergabe der Städte drang. Das Ottonianum von 962, das an dieser Stelle dem Ludovicianum folgt, bringt hinter Roselles einen andern Wortlaut: cum suburbanis atque viculis omnibus et territoriis ac maritimis oppidis ac viculis seu finibus omnibus [1]). Ob aber so der ursprüngliche Wortlaut des Ludovicianum war? Was sollen hier die suburbani ac viculi und die maritima oppida? Es sieht so aus, als wäre der Satz aus den vorangegangenen über Rom und Ravenna zusammengeschweisst. War vielleicht die Vorlage an dieser Stelle irgendwie zerstört und wurde sie nach Gutdünken ergänzt? Schon dass „cum integritate" fehlt, weist darauf hin. Denn die Fassung des Ludovicianum scheint sonst die bessere zu sein und auch die Erklärung zu gestatten, warum der Fälscher gerade hier seine Mache einsetzte. Populonia ist Seestadt, auch Roselle-Grosseto liegt nicht weit von der Küste. Vor dieser sind mehrere kleinere Inseln vorhanden, die den beiden Städten gehört haben mögen; so heisst noch heute eine: Formiche di Grosseto. Diese Inseln werden also einbegriffen gewesen sein, wie ja das Privileg auch die drei Inselchen im Perusiner See aufzählt und auch bei dem

---

[1]) Die Vermutung liegt nahe, dass die drei Inseln erst nach den Zeiten Ottos I. eingeschoben worden sind.

Exarchat zugehörige Inseln erwähnt, und es brauchen nur die drei Worte: Corsicam, Sardiniam et Siciliam weggestrichen zu werden, dann stimmt der Satz vollständig. Man könnte vielleicht sogar noch weiter gehen und annehmen, dass hier drei Inselchen genannt waren, deren Namen dann der Fälscher veränderte.

Die Urkunde zählt dann weiter auf: Item in partibus Campanie Soram, Arces, Aquinum, Arpinum, Theanum et Capuam et patrimonia ad potestatem et ditionem vestram pertinentia, sicut est patrimonium Beneventanum et Salernitanum et patrimonium Calabrie inferioris et superioris et patrimonium Neapolitanum et ubicumque in partibus regni atque imperii a deo nobis commissi patrimonia vestra esse noscuntur. Wir wissen, dass der Papst schon im Jahre 778 campanische Städte sein eigen nannte (oben S. 56), dass er ausserdem Capua erhielt; nichts hindert also, die Aufzählung als den Zeiten Karls entsprechend anzusehen. Auch von den Patrimonien in Benevent und Neapel handeln die päpstlichen Briefe. Nur über die von Salerno und Calabrien verlautet nichts in Hadrians Briefen; möglich, dass das Ludovicianum hier noch spätere Verhältnisse zusammenfasst. Zugleich muss auch hier festgestellt werden, dass in Hadrians Briefen keine Forderungen auftreten, von denen man bestimmt behaupten könnte, sie seien nicht in dieser Fassung aufgenommen.

Endlich ein sehr interessanter Satz. Simili modo per hoc nostre confirmationis decretum firmamus donationes, quas — Pipinus — et postea — Karolus imperator — Petro — spontanea voluntate contulerunt necnon et censum et pensionem seu ceteras dationes que annuatim in palatium regis Longobardorum inferri solebant sive de Tuscia Longobardorum sive de ducatu Spoletino, sicut in suprascriptis donationibus continetur et inter — Adrianum papam — et — Karolum imperatorem convenit, quando idem pontifex eidem de suprascriptis ducatibus, id est Tuscano et Spoletino sue auctoritatis preceptum confirmavit, eo scilicet modo, ut annis singulis predictus census ecclesie beati Petri apostoli persolvatur, salva super eosdem ducatus nostra in omnibus dominatione et illorum ad nostram partem subjectione.

Zu Anfang des Satzes werden vermutlich besondere Vergabungen gemeint, die mit den Handlungen von 754 und 774 nicht identisch sind. Denn sie sind gemacht „spontanea voluntate", während alle anderen vorher besprochenen Verleihungen auf alte Gerechtsame des Papstes oder ihm restituierte zurückführen. Die Ergebnisse der Gebietsverleihungen sind ja auch bereits in dem Diplom zusammengestellt; wozu also die nochmalige Wiederholung? Wir haben hier vielmehr Schenkungen und Begabungen zu verstehen, die Pippin und Karl freiwillig den Päpsten neben jenen Staatsaktionen gemacht haben. Dass es daran nicht gefehlt hat, dürften wir, auch wenn keine nähere Kunde darüber vorläge. als selbstverständlich annehmen. Schon Karl Martell und seine Eltern hatten die römische Kirche beschenkt[1]). Wir wissen aus Einhard, Kap. 27, dass Karl den Päpsten sehr grosse Geldgeschenke machte; wahrscheinlich haben wir es hier mit einem solchen zu thun. Nur Karl kann die Verfügung über den Census getroffen haben; Pippin hatte noch nicht die Möglichkeit, über Tuscien und Spoleto etwas zu bestimmen. Ausserdem bestand ja zu seinen Lebzeiten das Langobardenreich weiter. Der Satz nötigt keineswegs, anzunehmen, dass die suprascriptae donationes sich auf die donationes Pippins mit beziehen[2]). Auch darauf kann hingewiesen werden, dass das Papstbuch 774 nicht Tuscien mit Namen nennt. Offenbar war das Abkommen ein besonderes; wann es geschehen ist, erfahren wir nicht. Ganz unklar ist der Satz: quando — confirmavit. Dürfte man eine kleine Aenderung, statt pontifex pontifici, vornehmen, dann wäre die Sache einfach; aber die Handschriften, namentlich das Ottonianum, verbieten diese Konjektur. Die merkwürdige Thatsache, dass der Papst ein Präceptum Karls konfirmiert haben soll, kann wohl nur dadurch erklärt werden, dass es kirchliche Verhältnisse in Tuscien und Spoleto betraf, denn auch über solche, wie Bestätigung der Bischöfe u. dgl., ging Streit zwischen Papst und König. Es mag mit diesem Abkommen zusammenhängen, wenn Hadrian in Nr. 87 (784—791) Karls Schutz für das Kloster

---

[1]) Cod. Carol. 477.
[2]) Aehnlich, doch sonst abweichend, Sackur 22 Anm. 3.

in Galliata anruft: in subiectis monasteriis — Romanae ecclesiae, quibus a vestra — precellentia concessi et offerti sunt. Keinenfalls steht in dem Ludovicianum zu lesen, dass der Papst gegen den Empfang des Census auf die Herzogtümer verzichtet hätte, wie im allgemeinen angenommen wird[1]). Der Schluss salva etc. spricht von Ludwigs Herrschaftsrechten und es bleibt daher ungewiss, ob er auch in Karls Urkunde stand. Möglich ist dagegen, dass jene Vergabung an den Papst zu Karls Gnadenbeweisen im Jahre 781 gehört.

Dieser Vergleich des Ludovicianum mit den Papstbriefen spricht für seine Echtheit. Wir erkennen zugleich aus ihm, dass letztere uns eine fast vollständige Uebersicht über die Ausführung der Restitutionen an die Päpste geben, dass wir da nicht nur mit zufällig bekannten Einzelheiten zu thun haben. Was wir aus den Briefen erfahren, deckt sich trefflich mit den Worten Einhards, der im 6. Kapitel als Ergebnis von Karls erstem Romzug bezeichnet: res a Langobardorum regibus ereptae Adriano restitutae. Ueberall handelt es sich um Rückgabe von ehemaligem Kirchenbesitz; nur bei Capua ist zweifelhaft, ob es eine wirkliche nachträgliche Schenkung war.

Das einzige Bedenken, was noch zu erledigen bleibt, ist der Satz Hadrians in Nr. 56 (vgl. oben S. 56): quia et ipsum Spoletinum ducatum praesentaliter offeruistis. Er kann, wie praesentaliter beweist, nur auf die Urkunde von 774 zielen; auf Pippin wird nicht Bezug genommen. Kehr (S. 403) meint, nur die gewaltsamste Dialektik könne die Behauptung Hadrians aus dem Wege räumen wollen. Beseitigen lässt sie sich freilich nicht, aber anders deuten, als Kehr will. Zunächst könnte man einwenden, dass wir an Hadrian nur einen einseitigen Zeugen haben, der möglichst zu seinem Vorteile spricht. Doch darauf will ich kein Gewicht legen. Die Stelle steht einzig für sich da und würde, wörtlich genommen, allem widersprechen, was sonst die Briefe Hadrians besagen. Sie ist ein kleines, rasch hingeworfenes Zwischensätzchen. Die Hauptklage ergeht über die Nichtachtung, welche die königlichen Missi dem Papste er-

---

[1]) Von dieser Voraussetzung aus handelt Dove 195 ff. ausführlich über diese Sache.

wiesen und durch die sie die Spoletiner in ihrem Trotze bestärkt hätten. Karl habe ja erklärt, nur „pro iusticiis b. Petri exigendis" sei er mit dem Frankenheere herbeigeeilt. Zu diesen iusticiae gehörte jedoch zur Zeit Pippins das ganze Herzogtum Spoleto nicht; erst unter Karl kam es in Frage. Ist da nicht einfach der Satz dahin zu erklären: Du hast versprochen, auch im Herzogtum Spoleto die Gerechtsame Petri herzustellen? Und jetzt hören deine Leute erst auf meine Feinde, ehe sie mich fragen! Der Papst brauchte nicht zu fürchten, dass Karl, der die Sachlage kannte, jene undeutlich gefasste Aeusserung falsch auslegte. Freilich ist noch eine andere Erklärung möglich, auf die ich später komme.

Das Gesamtergebnis der bisherigen Untersuchung ist demnach folgendes. Ueberall ist dem Papst der Nachweis über seine Rechte auferlegt. Für Ravenna und die Pentapolis kann er sich auf Pippin und Desiderius berufen und erhält dort rasch sein Recht. Für die übrigen Gebiete ist Karls Verheissung von 774 massgebend; sie muss sich bezogen haben auf alle Länder, welche unter der Herrschaft der langobardischen Könige und Herzöge standen. Nur oberitalische Territorien kommen nie in Betracht, sonst das langobardische Tuscien, die Herzogtümer Spoleto und Benevent. Doch in ihnen sind es nur einzelne Gerechtsame, die der Papst belegen muss.

Verbinden wir diese Ausbeute aus den Briefen Hadrians mit der aus denen der früheren Päpste und anderer Nachrichten, dann ergibt sich, dass Pippin das Versprechen abgelegt hat, gegen König Aistulf Hilfe zu leisten und dabei die Gerechtsame des heiligen Petrus herzustellen, ohne dass diese näher bezeichnet wurden. Nur der Exarchat kam dabei thatsächlich in Betracht, wie es die damaligen Verhältnisse bedingten. Unter Karl verblieb der Exarchat dem Papste, doch erhielt Hadrian auch in Tuscien, Spoleto und Benevent, was er als sein Recht nachweisen konnte. Für diese Restitutionen beruft er sich nicht auf Pippins Urkunde, sondern nur auf die Zusicherung Karls.

Siebenter Abschnitt.
Karls Urkunde von 774.

Ich habe bisher die Donation von 774 ganz unberücksichtigt gelassen; lediglich die Thatsache, dass damals eine Beurkundung erfolgte, die durch Hadrians Briefe verbürgt ist, wurde gelegentlich herangezogen. Ich hoffe aber, aus dem sonst vorliegenden Material gezeigt zu haben, welche Ansprüche die Päpste erhoben, wie sich der Rechtszustand gestaltete. Selbst wenn jene Aufzeichnung des Papstbuches nicht vorhanden wäre, gestatten die Briefe einen klaren Einblick in die Verhältnisse. Wir vermögen also von ihnen aus den Bericht des Biographen zu verstehen.

Ich teile zunächst den Wortlaut des Papstbuches nach Duchesne I, 498 mit.

At vero quarta feria — pontifex — in ecclesia beati Petri — cum eodem rege se loquendum coniungens constanter eum deprecatus est atque ammonuit et paterno affectu adhortare studuit, ut promissionem illam quam eius — genitor Pippinus — et ipse — Carulus cum suo germano Carulomanno atque omnibus iudicibus Francorum fecerant b. Petro et eius vicario — Stephano iuniori papae quando Franciam perrexit pro concedendis diversis civitatibus ac territoriis istius Italiae provinciae et contradendis b. Petro eiusque omnibus vicariis in perpetuum possidendis adimpleret in omnibus. Cumque ipsam promissionem quae Francia in loco qui dicitur Carisiaco facta est sibi relegi fecisset, conplacuerunt illi et eius iudicibus omnia quae ibidem erant adnexa. Et propria voluntate, bono ac libenti animo aliam donationis promissionem ad instar anterioris ipse antedictus — Carulus Francorum rex adscribi iussit per Etherium religiosum ac prudentissimum capellanum et notarium suum; ubi concessit easdem civitates et territoria b. Petro easque praefato pontifici contradi spopondit per designatum confinium, sicut in eadem donatione continere monstratur, id est a Lunis cum insula Corsica, deinde in Suriano deinde in monte Bardone id est in Verceto deinde in Parma deinde in Regio et exinde in Mantua atque Monte Silicis simulque et universum exarchatum Ravennantium, sicut antiquitus erat, atque provincias Venetiarum et Istria necnon et cunctum ducatum Spolitinum seu Beneventanum. Factaque eadem donatione et propria sua manu eam ipse — rex eam corroborans universos episcopos abbates duces etiam et grafiones in ea adscribi fecit; quam prius super altare b. Petri et postmodum intus in sancta eius confessione ponentes tam ipse Francorum rex quamque eius iudices b. Petro et eius vicario — Adriano papae sub terribile sacramento sese omnia conservaturos qui in eadem donatione continentur promittentes tradiderunt. Apparem vero ipsius donationis eundem Etherium adscribi faciens ipse — rex intus sub corpus b. Petri subtus evangelia quae ibidem osculantur pro firmissima cautela et aeterna nominis sui ac regni Francorum memoria propriis suis manibus posuit. Aliaque eiusdem donationis exempla per scrinium huius sanctae nostrae Romanae ecclesiae adscriptam eius excellentia secum deportavit.

Die Grenzbeschreibung ist die Wurzel, aus der alle Schwierigkeiten der Deutung und Auslegung hervorgewachsen sind. Mit ihr hat sich Kehr (S. 408 ff.) eingehend beschäftigt und darauf aufmerksam gemacht, dass diese Linie von Luni-Monselice „das alte Königreich der Langobarden halbiere". Der grössere Komplex, Ligurien, Piemont, die Lombardei, das nordwestliche Stück der Emilia, das Veronesische, ferner das Land, das man später die Terra ferma von Venedig nannte, endlich Friaul, bleibt nördlich der Grenzlinie; südlich derselben liegen das langobardische Tuscien, der Rest der Emilia und das Gebiet am unteren Po (S. 418 f.). Aus dieser Beobachtung zieht Kehr die Folgerung: indem Pippin den südlichen Teil dem Papste versprach, beabsichtigte er eine Teilung des

Reiches von Pavia, und zwar in der Hoffnung, das ganze zu erobern und den nördlichen Teil dem Frankenreiche einzuverleiben (S. 430 ff.). Dieses Programm, das Pippin nicht durchführen konnte, habe Karl wahrscheinlich anfangs festgehalten (S. 439). Kehrs Meinung hat die Zustimmung Schnürers, der die Heimlichkeit des Vertrages hervorhebt, erhalten, und Dove suchte sie noch zu unterstützen. Er betont, Pippin und die Seinen hätten auch ein Schutzversprechen für Venetien und Istrien gegeben, also die eventuelle Ueberweisung dieser Lande an Rom in Betracht gezogen. Wir erfahren aus dem Liber pontificalis 451, dass der Friede zwischen Aistulf und Pippin war ein: pactum inter Romanos, Francos et Langobardos. Auf ihn beruft sich später Hadrian S. 487. Stephan III. schrieb um 771 an den Bischof Johann von Grado: er brauche sich vor seinen Widersachern nicht zu fürchten: quoniam in nostro pacto generali, quod inter Romanos, Francos et Langobardos dignoscitur provenisse, et ipsa vestra Istriarum provincia constat esse confirmata atque annexa simulque et Veneciarum provincia. Fideles b. Petri — in scriptis contulerunt promissionem, ut sicut hanc nostram Romanorum provinciam et exarchatum Ravennantium et ipsam quoque vestram provinciam pari modo — procurent. Scharf trennt der Papst sein (nostra haec) römisches Land von dem (vestram) istrischen. Diese Gebiete standen, wie Sackur 7 richtig hervorhebt, Rom kirchlich und politisch in einer Weise nahe, dass der Papst berufen war, ihre Interessen wahrzunehmen. Von der Aufnahme in einen Friedensvertrag bis zu dem Schlusse, den Dove macht, scheint mir der Weg ein wenig weit zu sein. Dass der Vertrag über den Census in Tuscien und Spoleto nicht mit der angeblichen Verleihung der Herzogtümer durch Pippin zusammenhängt, wie Dove annimmt, glaube ich oben S. 63 f. gezeigt zu haben.

Sackur hat sich gegen Kehr erklärt. Pippin habe bereits im Frankenreiche vor dem Feldzuge den Päpsten das ganze nichtlangobardische Italien zugesprochen; ausserdem könne unter den ständig wiederkehrenden Worten donatio oder promissio nicht ein pactum, ein Teilungsvertrag verstanden werden. Weder Pippin noch Karl hätten an Eroberung gedacht, vielmehr den Krieg sehr ungern geführt. Das sind Gründe, denen ich mich nach meinen bisherigen Darlegungen nur zum Teil anschliessen kann.

Ich muss offen gestehen, dass mir die Kombination Kehrs vollkommen in die Luft gebaut zu sein scheint. Irgend eine haltbare Stütze für sie ist nirgends zu entdecken, und schon dadurch muss sie fallen. Abgesehen davon, dass keineswegs sicher ist, ob die Urkunde von Quierzy bereits die Grenzbeschreibung enthielt, ist die angebliche Halbierung des Langobardenreiches nicht so klar. Der nördliche Teil würde nicht unbeträchtlich grösser sein als der südliche, wenn man den Begriff des langobardischen Reiches streng auf das eigentliche Reich von Pavia beschränken will. Im anderen Fall wären die dem Papste im ganzen zugewiesenen Gebiete sehr viel grösser als der Lohn, den Pippin, der doch allein die gesamte Kriegslast zu tragen hatte, zu seiner eigenen Entschädigung ausersah. Denn kann man die Herzogtümer Spoleto und Benevent wirklich ohne weiteres als nicht zum langobardischen Reiche gehörig betrachten? Kehr selber sagt S. 421, diese Herzogtümer, die seit alters eine selbständige und vom Hofe zu Pavia unabhängige Stellung einnahmen, wären in jüngster Zeit sehr gegen die Wünsche und Intriguen der Kurie in stärkere Abhängigkeit von den langobardischen Königen geraten, „die aber am Ende doch nicht so weit ging, dass sie die nominelle staatsrechtliche Unabhängigkeit der Herzogtümer aufgehoben hätte". So leicht lässt sich die Zugehörigkeit der Herzogtümer zum langobardischen Reiche, wenigstens ihr in diesem Falle entscheidendes Wesen als langobardischer Besitz, nicht abstreiten.

Immerhin, die Grenzlinie ist uns überliefert, und wenn wir nicht zur Ausflucht der Fälschung greifen wollen, müssen wir uns mit ihr abfinden. Sie hat auch praktischen Wert gehabt, denn Hadrian beanspruchte unseres Wissens von Karl nie irgendwelche Gerechtsame, die über sie hinaus lagen. Sackur hat viel Sorgfalt aufgeboten, um darzuthun, dass diese Grenzumschreibung eine historische, durch die Macht der Thatsachen gewordene sei. Seiner Meinung nach „haben wir die Grenze der alten Italia provincia nach den ersten langobardischen Eroberungen bis etwa in die Regierungszeit Autharis' vor uns".

Dass eine Italia provincia staatsrechtlich oder geographisch nicht anzunehmen ist, habe ich bereits gezeigt; Sackur selber sagt 18, dass der Exarch zu Anfang des 7. Jahrhunderts Exarch von Rom oder Italien hiess. Seine Zusammenstellungen bleiben bei aller Mühe lückenhaft, da das Material nicht ausreicht. Woher soll man in Rom 754 oder 774 solche Kenntnisse besessen haben? Und endlich, warum griff man dort gerade auf den König Autharis zurück? Den Byzantinern und damit den Römern war die Langobardenherrschaft immer eine angemasste.

Ich schlage eine andere Erklärung der Grenzlinie vor. Vielfach ist bemerkt worden, dass sich die äussere Form, in der sie niedergeschrieben ist, scharf abhebt von der Art, wie die anderen Gebiete eingeführt werden. Bei ihnen sind ganze Zusammenhänge bezeichnet; bei der Grenzlinie stehen einzelne Ortsnamen hart mit „in" eingestellt nebeneinander. Dieser Unterschied ist so stark, dass er Beachtung verdient. Unzweifelhaft sollen hier die einzelnen Punkte einer geographischen Linie gegeben werden. Lassen wir Corsica zunächst beiseite, so eröffnet den Grenzstrich Luni, von dem Paulus (Diaconus) IV c. 45 sagt, dass es zu Tuscien gehöre; die Stadt wurde erst um 640 von König Rothari den Byzantinern entrissen. Es ist überflüssig, hier nochmals das über die einzelnen Ortsnamen von verschiedenen Gelehrten Gesagte anzuführen, denn die Unterschiede in der etwaigen Lage sind nicht belangreich. Der Hauptbestand bleibt der, dass wir hier eine Linie vor uns haben, die von Luni in nordöstlicher Richtung über den Apennin, dort im offenen Lande über Parma, Reggio, Mantua nach Monselice geht. Letztgenannter Ort lag an der Grenze des Exarchates, der dann zunächst genannt wird, weil sich der Uebergang leicht ergibt. Dicht daran lag das darauf genannte Venetien.

Der Linienzug verbindet also kurzweg in gröbsten Umrissen Luni mit dem Exarchat und Venetien. Er entspricht von Luni bis Monselice nicht der alten Landeseinteilung, die sich, wie die schriftlichen Denkmäler zeigen [1]), in der Erinne-

---

[1]) Im Catalogus provinciarum Italiae (Script. rer. Langobard. 188) und bei Paulus II, cap. 14 ff.

rung erhalten hatte. Aber nirgends stimmten mit jener noch die politischen Verhältnisse überein; hier im Norden waren die Provinzen in langobardischen und altbyzantinischen Besitz zerschnitten. Der Zweck des „confinium" ist nur ein sehr allgemeiner; um es festzustellen, brauchte man kaum eine Landkarte. Die genannten Orte waren meist allgemein bekannt. Die Absicht kann demnach nur sein, eine ungefähre Grenzbestimmung zu geben, und dazu reichte die Ortsaufzählung auch in ihrer Dürftigkeit aus. Nur der erste Anfang ist genauer bestimmt, um hier die Richtung, welche der ganze Grenzzug nimmt, die nordöstliche, anzugeben.

Anders steht es mit den übrigen von dem Biographen genannten Gebieten. Der Exarchat, Venetien und Istrien, die Herzogtümer Spoleto und Benevent waren damals durch ihren bestehenden Umfang vollkommen klare Bestimmungen; hier war es am bequemsten, einfach so die Bezeichnung zu wählen.

Wir haben hier die Umrisse eines Gebietes gezeichnet, das von Luni sich quer durch Oberitalien zum Exarchat und nach Venetien erstreckt und diese beiden Länder wie die Herzogtümer von Spoleto und von Benevent umschliesst. Der römische Dukat war vollkommen umgeben, brauchte also schon deswegen nicht besonders aufgeführt zu werden.

Von dem ganzen Italien sind also allein ausgeschlossen die Landstriche, die Byzanz noch thatsächlich innehatte, und der Norden. Nur im Norden war es nötig, eine durch Orte bezeichnete Grenze einzuführen, wenn aus irgend einem Grunde eine solche nötig war.

Kehr bemerkt ganz richtig, es sei auffallend, dass Tuscien nicht genannt wird. Der Grund mag der sein, dass der Name Tuscien nicht mehr ein durch feste Grenzen eingeschlossenes Gebiet bezeichnete. Auch die Provinzialbeschreibung hilft sich hier durch, ohne genaue Angaben über die darin liegenden Städte zu machen, indem sie sagt: Provincia Tuscia habet intra se circium versus Aureliam, ob orientis parte Umbriam. Man kann daher wohl sagen, die gezogene Linie sollte etwa Tuscien abgrenzen.

Nun ist zweierlei vielleicht bemerkenswert. Zweimal sind in der Linie, die sonst so freien Schwung nimmt, dicht aneinander liegende Orte genannt. Einmal am Anfang. Ist hier vielleicht das im Papstbuche mehrfach erwähnte (S. 385, 398) Patrimonium der Alpes Cotticae zu suchen¹)? Dann reihen sich nahe aneinander Parma und Reggio. Beide stellt das Provinzialverzeichnis in die Emilia. Ein grosser Teil dieser Provinz, deren Name noch lebendig war, gehörte zum Exarchat und sie selbst war kirchlich dem Erzbischofe von Ravenna untergeben. Sollte hier vielleicht einer allzuweiten Ausdehnung des Begriffes: Exarchat von Ravenna vorgebeugt werden? Doch das sind Vermutungen, die ich nicht betonen will.

Die Deutung, dass wir allenthalben nur mit Grenzbestimmungen zu thun haben, wäre unzweifelhaft, wenn wir die Präposition per vor designatum confinium als weiter bis zum Schluss, bis Beneventanum regierend annehmen. Dieser Vorschlag ist auch gemacht, aber verworfen worden. Die Gründe für die Ablehnung sind einmal grammatisch-stilistischer Art. Nach Kehr 413 sollen die verschiedenen Kasus der Grenzstädte und Gebiete dieser Auslegung entgegenstehen. Obgleich die Vita Hadriani erheblich besser geschrieben ist, als die Briefe, mit der strengen Grammatik verträgt sie sich auch schlecht. Dann sollen die Wörtchen universus und cunctus diese Konstruktion mit dem regierenden per verbieten, was mir auch nicht einleuchtet.

Kehr versucht, den ganzen Abschnitt über den Inhalt der Schenkung in einzelne Teile zu zerlegen, gestützt auf das simulque et und necnon. „Ich nehme an," — sagt er S. 415 — „dass derjenige, der diese Inhaltsangabe niederschrieb, sich etwas dabei dachte, als er zweimal starke Kopula anwandte und dadurch seine Länderangaben in drei Gruppen schied." Ich kann an so viel Ueberlegung nicht glauben, denn diese Verbindungswörter gehören, wie ich schon oben S. 16 zeigte, durchaus zum geläufigen Sprachschatz des Biographen. Ich sehe auch

---

¹) Wo es lag, ist unsicher, doch muss es in grösserer oder geringerer Nähe von Genua gesucht werden. Seine Geschichte ist ganz dunkel; wir wissen nicht, ob es die Päpste, denen es König Liutprand zurückgegeben hatte, damals noch behaupteten. Da Hadrian sorgfältig alle alten Besitzurkunden aufgesucht hat, wird er dieses Patrimonium kaum übersehen haben. Im Ludovicianum findet sich jedoch kein Hinweis.

nicht recht, was dabei herauskommen soll, und wir dürfen diesen Punkt auf sich beruhen lassen.

Ebensowenig kann ich mich denen anschliessen, welche die Wörtchen universus und cunctus vor dem Exarchat und vor Spoleto mit Nachdruck betonen. Hat man doch darüber gestritten, ob dieses cunctus auch für das Herzogtum Benevent gelten solle oder nicht? Beide Adjektive kehren im Papstbuch in Unzahl wieder (vgl. oben S. 15), namentlich bei Ländernamen, wie cuncta Italia u. s. w. Ein recht schlagendes Beispiel, wie es damit steht, bietet 444, 3. Dort bittet der Papst Aistulf um Frieden pro universo exarchato Ravennae atque cunctae istius Italiae populo. Hier haben die Wörtchen gar keinen politischen Sinn; dagegen vermisst man sie 448, 3 bei dem Eide Pippins in Ponthion, wo sie eher bedeutungsvoll sein würden. Auch der Zusatz beim Exarchat „sicut antiquitus erat" trägt nichts zur Erklärung bei, denn dass das Herzogtum Spoleto früher anders gewesen wäre, ist nicht bekannt [1]). Doch ob hier universus und cunctus stehen, ist für mich unwesentlich, da ich ja so wie so meine, dass die Gesamtheit des Exarchats und des Herzogtums Spoleto in die Folgehandlungen einbezogen wurde.

Alles kommt darauf an, ob die Grenzbeschreibung schon in Pippins Urkunde stand und ob Karl diese schlechtweg erneuert hat. Der Biograph sagt, Karl habe seine Urkunde schreiben lassen „ad instar anterioris". Daraus folgt nicht, dass er eine wörtliche Kopie anfertigen liess, sondern nur, dass er die Vorlage zum Muster nahm und seinem Schriftstück einen entsprechenden Inhalt geben liess. Dieser wurde dadurch nicht geändert, dass eine nähere Beschreibung des Gebietes, innerhalb dessen die Restitution erfolgen sollte, hinzutrat; Karl gewährte ja, wie meine bisherige Untersuchung ergab, auch nicht weniger, als sein Vater. Es heisst, er habe zugestanden easdem civitates et territoria. Gewiss, die Versprechungen Pippins betrafen dieselben Gegenden, und wenn Karl die Schenkung erweiterte, war die frühere Pippins mit eingeschlossen.

---

[1]) Antiquitus beim Exarchat erklärt sich zwanglos durch den Hinblick auf 756, wo ein Teil den Langobarden verblieb.

Auf das „isdem" ist freilich nicht allzuviel Betonung zu legen. Wie freigebig unser Autor damit umgeht, zeigt seine Seite 497, auf der er Karls Ankunft in Rom erzählt: in 30 Zeilen 14mal isdem, 5mal antedictus und 10mal das gleichbedeutende ipse! Schon Niehues hat im Historischen Jahrbuch II, 231 den übermässigen Gebrauch von isdem hervorgehoben, doch geht er zu weit, wenn er dem Worte jede Rückbeziehung abspricht und dadurch das Sätzchen: ubi concessit easdem civitates, mit der späteren Urkunde von 774 in Beziehung bringt. Nur ist das easdem nicht so stark, dass daraus geschlossen werden müsste, in Pippins Urkunden seien die Städte namentlich verzeichnet gewesen, die dann Karl wörtlich hätte wiederholen lassen. Die Vita Stephans 453 enthält eine lehrreiche Parallele. Der griechische Gesandte verlangt von Pippin, er solle Ravenna und die übrigen Städte des Exarchats dem Kaiser übergeben. Pippin aber wollte nicht „easdem civitates" dem heiligen Petrus entziehen.

Wären in Pippins Urkunde einzelne Städte verzeichnet gewesen, hätte es näher gelegen, sie zu nennen, als nur die Grenzen oder Gebiete anzugeben. Der Umstand, dass der Verfasser es für nützlich hielt, die Grenzbestimmung aufzunehmen, scheint mir darzuthun, dass sie etwas Neues war. Wozu hätte er sie mitgeteilt, wenn die frühere Urkunde, die er gewissermassen als bekannt voraussetzt, vollkommen gleich lautete? Auch die Einfügung in den Satz spricht dafür. Auf den ersten Anblick erscheint sie sehr ungeschickt, ist es aber nicht bei richtiger Auffassung. Pippin hat konzediert, Karl verspricht die Konzessionen auszuführen innerhalb der gegebenen Grenze. Der Satzbau zeigt also deutlich, dass nicht Pippin diese gesetzt hat, sondern erst Karl. Endlich sagt der Verfasser selber klar und ausdrücklich, diese Ortsangaben stünden in Karls Urkunde: sicut in eadem donatione continere monstratur. Diese eadem donatio aber — die Worte schliessen sich eng und unmittelbar an das confinium an — geht zurück auf aliam donationis promissionem, also auf die Karls. Im folgenden wird noch viermal eadem oder ipsa donatio gesagt, immer die Karls [1]).

---

[1]) Das hat schon sehr richtig Oelsner Jahrbücher 137 Anm. 2 her-

Fraglich und unentscheidbar bleibt, wieweit der Urkundenauszug des Biographen unmittelbar aus dem Original gemacht ist. Einige Anklänge an die Urkundensprache finden sich darin, doch nur solche, wie sie jedem Schreiber bekannt und geläufig waren. Doch sahen wir früher (S. 19), dass die Worte: „istius Italiae provinciae" nicht in dem Original gestanden haben können, ebenso ist das „easdem civitates" offenbar nur eine Formulierung des Verfassers. Auch war der Einleitungssatz: quando Franciam perrexit u. s. w. kaum in der Urkunde zu lesen; schon das concedendis stimmt mit dem ausgeprägten Sinne, den sonst concedere hat (oben S. 52) nicht überein [1]). Soweit ich karolingische Urkunden dieser Jahrzehnte kenne, passt ihr Diktat mit dem hier befindlichen nicht recht zusammen. Die Sätze sind in jenen kürzer, während hier ein langer Bandwurm sich abwindet; auch das simulque et, cunctus begegnen dort wenig. Hier trägt die ganze Formulierung den Stil des Papstbuches. Doch das sind geringfügige Kleinigkeiten, die nicht Ausschlag geben, und es liesse sich auch einwenden, das Diktat sei in der päpstlichen Kanzlei gemacht. Die Grenzbeschreibung halte ich im Inhalt für richtig, mag auch von der Gesamturkunde nur ein sehr freier Auszug vorliegen. Dass wir nur einen solchen vor uns haben, beweist endlich die schlechte und undeutliche Fassung.

Man hat es auffallend gefunden, dass Karl die Exemplare seiner Urkunde, die er mit in die Heimat nahm, durch den Scriniarius der römischen Kirche schreiben liess, und überhaupt einen wunderbaren Roman aus der harmlosen Erzählung über die Niederschrift der Urkunde gemacht. Namentlich Schaube hat den armen Notar Karls, Itherius, gröblich verdächtigt. Da er auch anderweitig keinen Beifall gefunden hat, ist es zwecklos, darüber zu sprechen.

---

vorgehoben. Der Satz Hadrians Nr. 55, S. 570, den man als Parallelstelle herangezogen hat: quae — Pippinus — pollicitus et postmodum tu — confirmasti — eandemque offeruisti promissionem, hat einen andern inneren Zusammenhang.

[1]) Kehr will hinter perrexit kein Komma setzen, aber dann wird das concedendis noch unmöglicher. Es müsste dann recipiendis oder ähnlich stehen.

Es sind noch einige sprachliche Erörterungen hinzuzufügen. Der Biograph sagt: complacuerunt illi et eius iudicibus omnia, quae ibidem erant adnexa. Dieses Wörtchen ist nicht auf besondere, zur eigentlichen Promission hinzugefügte Kapitel zu deuten; sein Sinn ist lediglich: „darin enthalten" [1]). Die Ausdrücke „promissio" und „donatio", deren sich das Papstbuch hier bedient, haben herhalten müssen, um die innere Art der Beurkundungen Pippins und Karls und zugleich ihren Wesensunterschied festzustellen. Ich verweise zunächst auf meine wiederholten Darlegungen, dass donatio in erster Stelle das Schriftstück, die Urkunde bedeutet, und nur in dem allgemeinen Sinne einer Verleihung, nicht einer reinen Schenkung. So heisst an unserer Stelle die Pippinsche Urkunde promissio, die von Karl erlassene zunächst donationis promissio, dann nur donatio. In den beiden Briefen Nr. 6 und 7 vom Jahre 755 kommt der Ausdruck donatio neunmal vor, darunter zweimal für die 754 in Italien ausgestellte Urkunde, die bestimmte Städte dem Papste überwies, siebenmal für die in Ponthion ausgestellte, derselbe Ausdruck also für in ihrem Inhalt wesentlich verschiedene Schriftstücke (vgl. oben S. 36). In Hadrians Briefen heisst die Urkunde Pippins und Karls bald donatio, bald promissio. Logisch wäre 754 wie 774 allein der Ausdruck promissio gerechtfertigt, denn jede Schenkung ist nur ein Versprechen, solange sie nicht ausgeführt ist. Das gegenseitige Verhältnis lässt sich so bestimmen: promissio ist der Inhalt, donatio seine Verbriefung. Deshalb hilft ein Abwägen der beiden Worte donatio und promissio nichts zur inneren Erkenntnis der Vorgänge. Dagegen lässt sich eine solche auf anderem Wege erschliessen. Pippin und seine Söhne haben dem Papste eine promissio gemacht pro concedendis diversis civitatibus et territoriis etc. Karl aber „concessit easdem civitates" und „contradi spopondit". Ich erinnere an das, was ich wiederholt über concedere sagte, das ist die Anerkennung eines Rechtes auf gewisse Sachen. Also Karl erkannte Rechtsansprüche an und „contradi spopondit". Mehr als versprechen konnte auch er im

---

[1]) Vgl. die im Index verborum 745 der Ausgabe des Cod. Carol. in den Mon. Germ. verzeichneten Stellen; ausserdem die von Kehr 431 Anm. 1 angeführten Stellen des Lib. pont.

Augenblicke nicht, aber er erteilte eine bestimmte Zusicherung, nicht bloss eine allgemeine Verheissung. Nun wird auch klarer, warum Karl eine Umgrenzung seiner eingegangenen Verpflichtung für notwendig hielt. Es blieb nichts übrig, als die Gebiete, die restituiert werden oder in denen Restitutionen erfolgen sollten, einzeln zu nennen. Denn im damaligen Augenblicke hatte sie Karl noch nicht inne und einen Gesamtnamen für seine künftige Machtsphäre gab es nicht. Ausserdem war es unthunlich, die einzelnen Städte u. s. w. anzuführen, da überall erst die rechtliche Untersuchung eintreten sollte.

Ich denke, die Ringe meiner Beweisführung schliessen sich zusammen, und ohne Zwang ergibt sich die völlige Uebereinstimmung des Liber pontificalis mit dem Inhalt der päpstlichen Briefe.

Das Ergebnis ist folgendes. Die Stelle des Liber pontificalis ist vollkommen echt, keinerlei Interpolation. Daher brauchen wir auch an ihrer Angabe, dass Pippins Urkunde in Quierzy ausgestellt worden ist, nicht mehr zu zweifeln. Der Verfasser hat als Augenzeuge berichtet, was er sah und hörte. Es ist nicht gerechtfertigt, ihm absichtliche Entstellungen zuzuschreiben. Freilich ist sein Ton, wie der der päpstlichen Briefe, unerfreulich genug, manchmal geradezu widerlich. Beide sind, wie das den Vertretern rein kirchlicher Interessen aller Konfessionen so oft zu gehen pflegt, unfähig, irgendwelche Rechte anderer anzuerkennen; sie haben allein recht und sind die Gottauserwählten; wer ihnen widerstrebt, wird als schlechter Mensch gebrandmarkt und verleumdet. Doch raffinierte Schlauheit lag den Verfassern des Liber pontificalis fern. Oft hat man hervorgehoben, dass Hadrians Biograph seine Erzählung gerade mit der Schenkung Karls schliesse, dass er nicht erwähne, wie der Franke sich zum König der Langobarden machte. Voll bitterer Enttäuschung habe er nicht weiter die Feder führen können. Darin ist zu viel der Vermutung. Dass man damals in Rom überhaupt nicht den weitschauenden Blick hatte, den neuere Forscher dort vorausgesetzt haben, bezeugt am besten die Thatsache, dass die Vita Zachariae nichts erzählt von der Gesandtschaft Pippins und dessen Anfrage, ob sein Königtum Rechtens sei, obgleich schon die nächsten Nachfolger des Zacharias diesen Vorfall gründlich ausgenutzt haben. Ebenso müssen die Briefe der Päpste nicht mit der Absicht aufgeschlagen werden, zwischen den Zeilen zu lesen. Das ist oft nur Hineinlesen, nicht Herauslesen. Hadrian hat zwar viel und oft zu klagen, am meisten über die königlichen Missi und deren Gründlichkeit, er drängt unendlich oft in Karl, seine Verheissungen zu erfüllen, aber Wortbruch wirft er dem König nicht vor. Eine einzige und daher oft angezogene Wendung lässt sich dafür anführen. In jenem Streite mit dem Erzbischof Leo von Ravenna stösst Hadrian den schmerzlichen und leidenschaftlichen Ruf aus, oder legt ihn vielmehr seinen Feinden in den Mund: Quid vobis profuit, quod Langobardorum gens est abolita et regno Francorum subiugata! Et ecce iam nihil de his, quae promissa sunt, adinpletum est; insuper et ea, quae antea b. Petro concessa sunt a — Pippino rege, nunc ablata esse noscuntur? (Nr. 49, S. 568.) Doch schon wenig später spricht Hadrian sein Zutrauen zum Könige aus: quia nos omnino satisfacti sumus —. celeriter vos omnia perfici (Nr. 53, 575)[1]. In dieser Ravennater Angelegenheit hatte Hadrian allen Grund zum Zorne, doch er konnte sich bald beruhigen, weil ihm sein Recht wurde. Spätere heftige Zwistigkeiten, wie sie in den letzten Briefen des Codex Carolinus hervortreten, hängen nicht mit den Besitzfragen, sondern mit oberherrlichen Rechten zusammen.

Wir können nun zur Zusammenfassung schreiten. Was auch Pippin in Ponthion mündlich dem Papste zugesagt haben mag (oben S. 27), seine Urkunde von Quierzy enthielt nur ein allgemein gehaltenes Versprechen, die Gerechtsame des heiligen Petrus zurückzubringen. Den Wortlaut genau herzustellen, ist kaum möglich. Lamprecht hat zwar in seinem Buche: Die römische Frage von König Pippin bis auf Kaiser Ludwig den Frommen in ihren urkundlichen Kernpunkten erläutert (Leipzig 1889), aus dem Ludovicianum und dem Ottonianum nicht nur das Pactum von 754, sondern noch dessen gesamte spätere Geschichte und mehrfache Aenderungen herausgeschält, aber sein Versuch erscheint ebenso aussichtslos, als wenn ein Geolog

---

[1] Ueber satisfacere oben S. 25 Anm.

hoffen wollte, irgendwo in einem Erddurchschnitt sämtliche Schichten von der archäischen Periode bis zur Quartärzeit ungestört und in ununterbrochener Reihenfolge zu finden. Einigen Anhalt zur Wiederherstellung können zwar die Papstbriefe mit ihren ständig gleichen Wendungen bieten. Voran stand eine Gelöbnisformel, spondere oder promittere oder polliceri. Die Verheissung lautete wahrscheinlich etwa: iustitiam beati Petri exigere. Daneben wird offerre gebraucht worden sein, vielleicht in der Formel: offerre beato Petro sanctaeque dei ecclesie Romanorum rei publicae; wahrscheinlich wurden Papst Stephan und seine Nachfolger dabei ausdrücklich erwähnt. Das Objekt zu offerre bildete vielleicht civitates et loca oder territoria oder jura, möglicherweise mit dem Zusatze propria. Doch fehlte jede genaue Bezeichnung von Oertlichkeiten, weder der Exarchat noch die Pentapolis wurden zugesichert. Das zeigt sich recht deutlich daraus, dass die in ihnen gelegenen Städte, welche später Desiderius freiwillig zurückgab, wohl auf das Anrecht Petri, nicht auf die Promission Pippins zurückgeführt werden. Noch weniger können die langobardischen Herzogtümer genannt worden sein. Und allem Vermuten nach stand noch ein sehr wichtiges Wörtlein in der Urkunde: „secundum meum posse" oder ähnlich. So sagt auch Stephan 755: iusticiam b. Petri, in quantum potuistis, exigere studuistis.

Pippin konnte kaum anders handeln. Das ganze Unternehmen brachte ihn in neue Verhältnisse, die er schwerlich übersah. Dass er gleich alle Rechtsverhältnisse kannte, ist sehr unwahrscheinlich. So bereit er sein mochte, dem heiligen Petrus zu dienen, lag es doch in seinem und seines Reiches Interesse, nicht eine genau bestimmte Verpflichtung zu übernehmen, von der er nicht wusste, ob er sie würde einlösen können. Wenn es wahr ist, dass viele fränkische Grosse den Krieg missbilligten, musste sich der König erst recht Beschränkung auferlegen. Der Papst freilich wird ihm alles haarklein auseinandergesetzt haben, aber Aistulf sorgte dafür, andere Auffassungen den Franken kund zu thun. Pippin half sich daher durch ein allgemeines Versprechen, mit dem auch der Papst zufrieden sein durfte, da er sich die Zukunft offen hielt, und es nur darauf ankam, wie weit die justitia Petri ausgelegt wurde.

Pippin unternahm den Zug, aber trotz seines Sieges hatte er es eilig, wieder zurückzukehren; er war zufrieden mit dem eidlichen Versprechen Aistulfs, eine Anzahl genannter Städte, doch nicht den ganzen Exarchat und die gesamte Pentapolis, dem Papste zu überliefern. Aistulf brach seinen Eid und gab dadurch Stephan Gelegenheit, nun Pippin um die volle Erfüllung seines Versprechens, um die Herstellung der ganzen justitia zu mahnen. Der Franke kam nochmals nach Italien, doch auch jetzt begnügte er sich mit dem nur wenig erweiterten früheren Versprechen Aistulfs, die Städte abzutreten, sorgte aber durch seine Missi dafür, dass sie wirklich dem heiligen Petrus übergeben wurden. Die Päpste, froh des ersten Erfolges, wurden nicht müde, Pippin vorzurücken, dass er nicht alles erfüllt habe, waren aber nicht in der Lage, bestimmte Forderungen zu erheben und näher zu bezeichnen. Sie gingen stets auf die Verheissung von Quierzy zurück: der Urkunde von 756, weil sie nur teilweise Erfüllung gebracht hatte, gedachten sie daher nie. Der Frankenkönig half sich mit höflichen Worten, allein Desiderius, dringend eines Haltes bedürftig, ging auf die Ansprüche der Päpste ein und gab ihnen einige weitere Städte des Exarchates und der Pentapolis heraus, handelte dann aber wieder feindlich.

Endlich kam 774 Karl nach Rom. Er bestätigte die Urkunde Pippins mit ihrer allgemeinen Verheissung der justitia Petri und der Uebergabe von „civitates et territoria" an den Papst und dessen Nachfolger, und sagte zu, die Stücke auszuliefern. Aber der bisher nicht ins einzelne gehenden Verheissung gab er Form und Gestalt. Er ging von demselben Grundgedanken aus, der die Urkunde Pippins beherrscht: Wiedergabe alles dessen, was dem heiligen Petrus gehört. Doch er erweiterte ihn noch. Denn ob es nun in der Urkunde von 754 ausdrücklich gesagt war oder nicht, damals konnte es sich nur um die Restitution der Gebiete handeln, die Aistulf an sich genommen hatte. Karl aber gestand allen Besitz zu, der je den Päpsten von den Langobarden entzogen worden war, innerhalb der Grenzen seiner Macht oder soweit er sie auszudehnen beabsichtigte. Dabei behielt sich Karl allerdings die Prüfung Fall für Fall vor. Der Papst konnte die gewaltige Vergrösserung des Kreises, innerhalb dessen er das alte Eigentum der Kirche zurückerhalten sollte, nur mit Freuden begrüssen, allein der Tropfen Wermut fiel in den Freudenbecher, als er sah, dass Karl nicht ohne weiteres seine Behauptungen anerkannte, sondern zuverlässige Nachweise verlangte, und da kam wohl manches anders, als Hadrian gewünscht und erwartet hatte.

Möglich, dass Spoleto einen solchen schmerzlichen Punkt ausmachte. Ich sagte früher, S. 66, Hadrians Aeusserung über das Herzogtum Spoleto: quia et ipsum Spoletinum ducatum vos praesentaliter offeruistis — Petro, lasse noch eine andere Auslegung zu. Ich habe oben S. 39 und 44 auseinandergesetzt, wie dort die Verhältnisse lagen, wie Hadrian noch in letzter Stunde die ganze und teilweise Huldigung im Herzogtume erreicht hatte. Karl versprach, die Gerechtsame Petri zu erfüllen. Hadrian kann nun Spoleto unter diesen Begriff gestellt haben, und insofern durfte er also geltend machen, Karl habe auch das Herzogtum dargeboten. Dem Könige aber behagte diese Rechtserklärung nicht, weil er nur alte, verbürgte Rechte meinte; war doch die Ergebung Spoletos überhaupt erst geschehen, als der Krieg gegen Desiderius begonnen hatte und schon so ziemlich zu Karls Gunsten gewendet war.

Die Grenze nach Süden ist klar; sie geht, soweit langobardische Herrschaft einschliesslich der Herzogtümer reichte. Die nördliche Linie sollte die fehlende Grenze von Tuscien ersetzen. Warum nun zog sie Karl? Eine Antwort finden wir aus seinem Verfahren in der Ravennater Angelegenheit. Er stellte sich nicht auf die Rechtsfiktion, dass die Päpste, soweit sich die langobardische Herrschaft ausdehnte, Rechtsnachfolger des byzantinischen Reiches wären, sondern fragte nur nach deren verbrieften Rechten. So gab er ihnen den Exarchat auf Grund des Vertrages von 756 und der späteren Ueberlassungen durch Desiderius. Ueber Tuscien hinaus machte Hadrian, nachdem er sicherlich urkundliche Forschungen hatte anstellen lassen, 778 keine Forderungen geltend. Wahrscheinlich wird er daher 774 auch keine angemeldet haben, und so erfolgte die Festlegung der Grenze und zwar dem Papste günstig bemessen. In Tuscien hatte ohnehin der Kampf zwischen Langobarden und Byzantinern noch lange fortgedauert, während Oberitalien schon seit Anfang des 7. Jahrhunderts, also seit geraumer Zeit, fest in den Händen der Langobarden lag. Es kam Karl nur auf die endgültige Feststellung des Rechtstitels an.

Das Versprechen schloss also gleichmässig Gegenstände sehr verschiedener Art ein, ganze Gebiete, wie den Exarchat, und einzelne Städte, Patrimonien, Einkünfte u. dgl. Nicht allein die Patrimonien innerhalb dieses Gebietes sollten übergeben werden, wie gelegentlich vermutet wurde, aber sie spielen doch eine wichtige Rolle. Die Art der nördlichen Grenze scheint mir gerade auf solchen Besitz hinzuweisen. Kehr (S. 411 Anm.) findet freilich das Gegenteil: „Die Patrimonienidee ist auch aus Gründen des gesunden Menschenverstandes nicht haltbar. Es ist doch nichts verkehrter, als die Lage von Patrimonien in der angegebenen Weise zu bezeichnen. Man denke sich einmal in einem modernen Aktenstücke eine Verfügung über Domänen, von denen es hiesse, sie lägen innerhalb der Linie Magdeburg-Berlin-Küstrin. Gerade bei derartigen Objekten sagt man, sie liegen in den und jenen Provinzen, Kreisen, Städten, Orten u. s. w." Der Text sagt doch nicht, die Patrimonien lägen innerhalb der Linie, sondern die Linie scheidet Süden und Norden oder Rechts und Links, und schliesst im Verein mit den anderen Grenzen ein genau bestimmtes Landgebiet ein. Da längs der geraden Linie gewiss nicht viele Patrimonien lagen, genügte die Angabe trotz ihrer Flüchtigkeit vollkommen. Als politische Grenze, für die sie Kehr hält, wäre sie freilich unbrauchbar gewesen.

Nehmen wir nun an der Hand des früher aus den Briefen Hadrians Festgestellten den Inhalt von Karls Urkunde durch. Der so oft hervorgehobene Umstand, dass sich Hadrian ausser beim Exarchate immer nur auf Karls Donation berief, erklärt sich nun zwanglos; auf sie erst konnte er seine Ansprüche in den übrigen Ländern begründen. Dass der Papst irgend Besitz nördlich der gezogenen Linie begehrt hätte, ist nicht bekannt, wohl aber fallen südlich unter diese Abgrenzung die überlieferten Städte in Tuscien. Corsica nennt Hadrian in jenem wichtigen Schreiben von 778; da die Insel nicht in Karls Besitz kam, blieb dieser Punkt gegenstandslos. Der Exarchat ist an den Papst gekommen, nachdem Erzbischof Leo mit seinen Forderungen abgewiesen war, zugleich die Pentapolis. Venetien und Istrien mögen hineingezogen sein, weil die Provinzen in den Frieden von 756 einbegriffen waren (oben S. 69) und dort der Papst Besitzungen und Rechte hatte. Die Papstbriefe beanspruchen dort nur Geldabgaben (oben S. 58). Im Herzogtum Spoleto erhielt der Papst, abgesehen von der Sabina, Narni und Utriculum, kirchliche Rechte und nachträglich, doch als besondere Verleihung, den Census. Was dort an alten Patrimonien lag, mag wohl wiedergegeben worden sein, da die Briefe von ihnen nicht reden. Im Herzogtum Benevent bekam der Papst das Patrimonium und einige Städte. Die Bemühungen Hadrians, das Patrimonium in Neapel zu erlangen, waren seine eigene Sache.

Halten wir die Wiederherstellung von nachgewiesenen Rechten als von vornherein gegebene Grundlage fest, dann schwindet jede Schwierigkeit. Die bisherige Annahme war etwa folgende. Karl hatte, als er 774 nach Rom kam, noch keinen festen Plan, wie er die italischen Dinge regeln solle. Dem Drängen des Papstes, die Urkunde Pippins zu bestätigen, die er einst selbst mit unterzeichnet hatte, konnte er sich anstandshalber nicht entziehen. Doch bald erkannte er seine Uebereilung. Als er Desiderius besiegt und sich zum König der Langobarden gemacht hatte, sah er ein, dass er seine Verheissungen nicht halten konnte, ohne seine Stellung in Italien zu untergraben. Deshalb wurde er schwankend. Er erfüllte seine Zusagen keineswegs, verletzte sie vielmehr in gröblicher Weise, „intriguierte" sogar in Spoleto und Benevent gegen den Papst. Später, 781, nötigte er Hadrian zu einem ganz andern Abkommen, nahm seine Schenkung von 774 zurück und speiste jenen mit kleinen Bissen ab. Er wagte nicht alles vorzuenthalten, sondern mit einer gewissen Schwäche gab er dennoch einiges.

Dass dieser grossartige Mann, als er 774 nach Rom ging,

sich noch nicht über sein künftiges Thun klar gewesen wäre, ist schwer glaublich. Wenn auch das Papstbuch sagt, Karl sei gekommen, um zu beten, und welche seiner Beweggründe es sonst zu erzählen weiss, das darf nicht als Gegenbeweis gelten. Wie kam Karl dazu, dem Verfasser sich zu offenbaren, und wie konnte dieser in der Seele des Königs lesen? Soviel auch Geschichtsschreiber von den innerlichen Gedanken und Plänen der handelnden Personen reden, so darf man ihren Worten nicht voll glauben; denn sie legen sich meist die Sache selber zurecht. Höchstens wo persönliche Mitteilung nachweisbar ist, dürfte eine Ausnahme statthaft sein, aber auch da bleibt ungewiss, ob das rechte Verständnis des Hörenden vorhanden war, und ob die mitteilende Person wirklich ihre geheimen Gedanken eröffnete. Der Papstbiograph schreibt eben so, wie er gewohnt war, die Dinge anzusehen; sein Wortschwall kommt allein auf seine Rechnung. Er erzählt auch, Papst Hadrian sei von „stupor et extasis" ergriffen worden. Dass der Papst von der unerwarteten Ankunft überrascht wurde, mag richtig sein; ob man aus den Worten wirklich „schmerzliche und enttäuschte Ueberraschung" herauslesen darf, will ich nicht untersuchen. Dann erzählt der Biograph mit vielem Wortaufwand, wie Hadrian den König bewog, Pippins Schenkung zu bestätigen. Auch hier kann ich nur das Bemühen des Geschichtsschreibers erblicken, die Fürsorge seines Papstes für die Kirche in recht helles Licht zu rücken.

Ich glaube, dass Karl nach Rom kam mit der Absicht, die Stellung zum Papste zu regeln, weil er bereits entschlossen war, das langobardische Reich einschliesslich der Herzogtümer sich zu unterwerfen. Ist es richtig, dass die Grenzbeschreibung erst durch Karl hinzugethan wurde, dann ist seine Absicht urkundlich begründet. Die Urkunde von Quierzy war ihm sicherlich nicht fremd. Dass sie vor der Bestätigung vorgelesen wurde, entsprach damaligem Gebrauche.

Gern gebe ich zu, dass der Papst seine Hoffnungen auf einen selbständigen Kirchenstaat in Mittelitalien enttäuscht sah, und dass Karl eine andere Stellung zu ihm und zu Italien einnahm, als einst Pippin. Wo dieser aus frommem Drange sich nicht dem Hilfsgesuche entziehen wollte, schuf Karl, wie es seinem hohen Geiste entsprach, alsbald feste Rechtsverhältnisse. Er erneuerte die Urkunde Pippins ihrem rechtlichen Sinne gemäss ganz und vollständig. Er ging sogar darüber hinaus, indem er die Wiederherstellung der päpstlichen Rechte in dem ganzen Umfange des langobardischen Reiches zusagte. Hadrian selbst hat das widerwillig anerkennen müssen, wenn er um 790 schrieb: nullam novitatem in holocaustum, quod b. Petro — genitor vester optulit et vestra excellentia amplius confirmavit [1]). Nur die Oberherrlichkeit hat Karl immer festgehalten.

Karl verfuhr durchaus ehrlich und den Verhältnissen angemessen; er gewährte den Päpsten, was sie nur irgend von Rechts wegen beanspruchen durften. Und an diesem Versprechen hat er ebenso getreulich und unverbrüchlich festgehalten. Denn keine noch so tiefgründige Auseinandersetzung kann mich überzeugen, dass Karl keinen Treubruch begangen hätte, wenn er so verfahren wäre, wie man es ihm gewöhnlich zuschreibt. Gewiss enthielt die Urkunde von 774 nur ein Versprechen, aber ein ehrlicher Mann ist verpflichtet, sein Versprechen zu halten, soweit er irgend kann, und selbst wenn es in Ueberstürzung gegeben wäre. Karl kam aber in die Lage, seine Zusage zu halten, und musste es deshalb thun. Mir scheint, dass hier nicht mit gleichem Masse gemessen wird. Hätte Hadrian ähnlich gehandelt, wie man es Karl zuschreibt und dennoch entschuldigen will, wie hart würde der Papst verdammt werden! Welche Anklagen sind gegen die Päpste wegen ihrer Politik gegen die Langobarden und gegen Byzanz erhoben worden! Sie handelten einfach, wie es ihre Interessen geboten — ja sehr menschlich, keineswegs heilig —, aber jede aufstrebende Macht wird, wenn sie bei klugen und kräftigen Männern ist, so zu Wege gehen, wie sie.

Die Erfüllung der Urkunde von 774 ging freilich nicht schnell von statten, weil mancherlei Hindernisse, politische wie juristische, dazwischen traten. Italien war vom fränkischen Hofe weit entfernt, Karl hatte auch noch an andere Dinge zu denken,

---

[1]) Nr. 94, S. 635. Oelsner 137 Anm. hat auch diese Stelle in ihrem richtigen Zusammenhange gefasst.

als allein an die Beschwerden Hadrians, die Rechtsverhältnisse waren manchmal verwickelt und die königlichen Bevollmächtigten suchten, wie es ihre Pflicht gebot, mehr der Rechtslage, als dem Begehren des Papstes Genüge zu thun. Der Vergleich mit dem Ludovicianum lehrte indessen, dass des Papstes Wünsche schliesslich immer erfüllt worden sind. So oft Karl nach Italien kam und persönlich eingreifen konnte, ging auch die Sache des Papstes vorwärts; an gutem Willen liess es der König nicht fehlen.

Das ursprüngliche Abkommen jemals zu ändern, war bei seiner wirklichen Natur gar nicht erforderlich und es lässt sich nicht begründen, dass je eine Abschwächung oder gar eine Zurücknahme oder Ersetzung erfolgt ist. Der Gedanke, eine neue Abkunft sei getroffen worden, entsprang lediglich dem Bedürfnis, eine Erklärung dafür zu finden, warum Karl dennoch einige Teile seiner angeblich gebrochenen Verheissung erfüllt habe. Die Nachrichten über den Exarchat, aus Tuscien (S. 53) und vielleicht auch aus Campanien (S. 56) lehren, dass schon vor 778 die Ausführung des Versprechens im Werke war. Im Jahre 781 wurde nicht der Grundvertrag umgestossen und durch einen andern ersetzt, sondern Karl erwies dem Papste weitere Gunst, indem er ihm noch Gaben dazu verlieh, Capua und vielleicht den Census in Tuscien und Spoleto. Diese Begabungen waren der Dank für die persönlichen Dienste, welche Hadrian damals dem Könige leistete. Allerdings mag die Schlichtung der Rechtsansprüche, welche andere Parteien gegen den Papst geltend machten, noch einzelne besondere Beurkundungen nötig gemacht haben, wie wir es von der Sabina wissen, doch waren dies nur Ausführungsbestimmungen zu dem Grundvertrage. So wenig wie 781 sind später grundstürzende Verträge über die Besitzfragen geschlossen worden. Das Pactum von 774 blieb bestehen, bis es durch die fortgesetzte Regelung in sich erledigt wurde. Es ist nie zurückgenommen worden, aber es verlor seine Bedeutung. Dann trat das Ludovicianum an seine Stelle, welches das endliche Ergebnis der Ausführungen zusammenfasste, entsprechend den nunmehr gefestigten Verhältnissen. Eben darum lauten in ihm die Eingangsworte: statuo et concedo. Wie die Originale von 754, 756 und 774 zu Grunde gingen, wissen wir nicht. Eine absichtliche Zerstörung anzunehmen, liegt kein Grund vor; die Urkunden mögen, wie das Original des Ludovicianum und unzählige andere den Wirren, unter denen Rom in den späteren karolingischen Zeiten und nachher so viel zu leiden hatte, zum Opfer gefallen sein. Als das Ottonianum entstand, wurde daher über 774 nur der Liber pontificalis benutzt.

Auf die anderweitigen Fragen, wie das Schutzverhältnis Pippins, dann die rechtliche Stellung Karls aufzufassen sind, will ich nicht eingehen, da sich wesentlich Neues darüber nicht sagen lässt. In letzter Zeit hat Wilhelm Sickel in seinem schon erwähnten Aufsatze diese Verhältnisse in eindringender Weise erörtert. Das Mittelalter war, wie ich schon mehrfach ausgesprochen habe, in staatsrechtlichen Dingen viel unklarer, als meist angenommen wird. Wie unsicher sind noch heute viele staatsrechtliche Fragen! Damals bildeten sich die Anschauungen erst sehr langsam, und der Werdeprozess bestand hauptsächlich darin, dass die thatsächlich bestehenden Zustände die Theorie beherrschten, entschieden und zu ihrer Ausbildung führten. Wo wir feste Gebilde annehmen, war gewiss noch vieles im Fluss.

Nur eine Bemerkung über den Patriciat möchte ich hinzufügen, ohne näher auf ihn einzugehen. Der Patriciat der Karolinger war ursprünglich eine Nachfolge in dem bisherigen Patriciate der Exarchen von Ravenna. Diese unterstanden einem Oberherrn, dem Kaiser von Byzanz. Nach päpstlicher Auffassung gingen dessen Gerechtsame über auf Petrus und die römische Kirche. Sonach wurde also der neue fränkische Patricius der Stellvertreter oder Beamte des Apostels und übte in dessen Namen seine Rechte aus. Nun war aber auch der Papst der Stellvertreter des Apostels, auch in seinem weltlichen Besitz. Daraus ergab sich von Anfang an ein Zwitterwesen, das unter Pippin freilich nicht viel in Geltung trat, desto mehr unter Karl; daher die schweren Streitigkeiten über die beiderseitigen Rechte, wie sie unter Hadrian entbrannten. Die Kaiserkrönung Karls machte ihnen ein Ende. Als dann im zehnten Jahrhundert wieder der Patriciat auftauchte, bedeutete er meiner Ansicht nach die weltliche Herrschaft über die Stadt

Rom, die Vertretung der bürgerlichen Gemeinde. Weil sie gewissen Anteil an der Papstwahl besass, ging dieser durch Uebertragung der Gemeinde an den erkorenen Patricius über, so dass die deutschen Könige und Kaiser, sofern sie Patricier waren, auch als solche Einfluss auf die Papstwahl beanspruchen konnten. Der Streit in den ersten Jahren Heinrichs IV. scheint mir erst von dieser Seite her recht verständlich zu sein.

Achter Abschnitt.
Das Ottonianum.

Das Diplom, welches das Datum vom 13. Februar 962 trägt [1]), zerfällt wie das Ludovicianum in zwei Teile, den ersten, welcher die Besitzrechte der römischen Kirche behandelt, und den folgenden, der rechtliche Bestimmungen enthält. Den Grundstock des ersten Abschnittes bildet das Ludovicianum. Möglicherweise sind noch spätere Vereinbarungen zwischen Kaisern und Päpsten verarbeitet worden, doch ist eine Aussonderung kaum durchführbar, weil der Erkenntnisstoff dafür fehlt. Uebrigens kommt, da das Ludovicianum durchaus überwiegt, darauf für unsere Zwecke nicht viel an.

Ich bespreche, die Hauptfragen nach Zeit der Abfassung und der inneren Bedeutung vorläufig beiseite lassend, zunächst den ersten Teil, soweit es notwendig ist. Nach den stark abweichenden Eingangsworten, welche das vom Kaiser dem Papst Johann XII. gemachte Gelöbnis ausführen, setzt wörtlich das Ludovicianum ein über den Dukat von Rom und das römische Tuscien. Dann aber fehlt gleich der ganze Satz über das römische Campanien: simili modo in partibus Campanie Segniam — pertinentibus. Ficker 357, wie Sickel 126 nehmen an, dass die Auslassung beabsichtigt war, also eine Minderung der Verleihungen von 817 eintreten sollte, ohne einen zureichenden Grund dafür finden zu können. Da die aufgeführten Orte

---

[1]) Diplomatischer Abdruck bei Sickel, Das Privilegium Otto I. 178, danach M. G. Dipl. I, 322 und Constitutiones I, 24.

immer zum römisch-päpstlichen Besitz gehört haben, ist viel wahrscheinlicher, dass der Schreiber eine Auslassungssünde begangen hat, in einer Weise, wie sie in mittelalterlichen Handschriften unendlich oft begegnet. Der vorhergehende Satz schliesst wie der ausgelassene mit demselben Worte pertinentibus, so dass das an der Vorlage haftende Auge des Abschreibers irre geführt wurde.

Sickel hat nachgewiesen, dass die im Vatikan aufbewahrte Urkunde nicht das Original, sondern nur eine kalligraphische Abschrift ist. Sie hat dem Verfertiger, der ohnehin kein Künstler war, offenbar viel Mühe gemacht. Die Lösung, deren er sich zum Schreiben oder vielmehr Malen bediente, war dickflüssig und haftete fest auf dem Pergament. Weil es daher schwierig war, Schreibfehler zu verbessern, unterliess es der Kalligraph lieber, und nahm nur sparsame Aenderungen vor (S. 7, 47 ff.). Noch weniger liessen sich grössere Irrtümer berichtigen oder Auslassungen nachtragen, wenn das Prunkwerk nicht arg entstellt werden sollte. Da es nicht zum urkundlichen Beweisstück bestimmt war, so mag man um des Aeusseren willen lieber grobe Fehler hingenommen haben, als das kostbare Pergament beiseite zu legen. Daher ist nicht undenkbar, dass das Hauptoriginal selbst jenen Satz über das römische Tuscien enthalten hat. Die Wiederholungsurkunde Heinrichs II. vom Jahre 1120 lässt ihn zwar auch aus, aber sehr wahrscheinlich ist sie nach unserer kalligraphischen Vorlage ausgefertigt worden; die Haupturkunde mag inzwischen verloren gegangen sein.

Die folgenden Sätze sind mit geringen und unwesentlichen Abweichungen wiederum dem Ludovicianum entnommen. Ueber dessen Stelle, welche die im Ottonianum nicht genannten Inseln Corsica, Sardinien und Sizilien anführt, habe ich bereits oben S. 62 gesprochen.

Nun kommt jedoch eine wichtige Erweiterung durch den Artikel 7. Mit den Worten: itemque a Lunis — Beneventanum wird die Grenzbeschreibung aus dem Papstbuche vom Jahre 774 eingeschoben. Wahrscheinlich wurde zu ihm gegriffen als Ersatz für die verlorene Urkunde Karls des Grossen. Dem äusseren Anscheine nach sieht es so aus, als ob das gesamte eingeschlossene Gebiet dem Papste überlassen sein sollte, und dahin geht die gesamte neuere Auffassung. Ich bin dagegen überzeugt, dass man damals in diese Zeilen nichts mehr und nichts anderes hineingelegt hat, als ihr ursprünglicher Sinn war: der Kirche sollte der ihr gebührende Besitz innerhalb dieses umschriebenen Gebietes bestätigt werden. So aufgefasst, ist der Platz der Einfügung gar nicht schlecht gewählt. Luni liegt nicht weit von den Städten Populonia und Roselle, die zuletzt genannt sind. Ferner waren in den vorhergehenden Artikeln im ganzen geschlossene Gebiete aufgezählt, jetzt werden einzeln liegende Stücke angeführt. Dass man sich des Begriffes der Grenzlinie vollkommen bewusst war, beweist der so oft als anstössig hervorgehobene und als besonders ungeschickt bezeichnete Zusatz: una cum ecclesia sancte Cristine posita prope Papiam iuxta Padum quarto miliario. Diese lag nördlich des Grenzzuges von Luni nach Venetien[1]) und sollte doch mit einbegriffen sein; daher musste sie besonders genannt werden und dazu war hier der passendste Ort. Dass nicht der „cunctus ducatus Spoletinus" dem Papste zugesprochen sein sollte, geht klar und unzweideutig daraus hervor, dass Otto in einem folgenden Zusatze mehrere spoletinische Städte schenkt.

Der Satz über die Patrimonien in Süditalien (Artikel 9) ist ziemlich verworren, obgleich auch er auf dem Ludovicianum beruht. Es fehlt — ob auch zufällig weggelassen? — das Patrimonium von Salerno. Der Einschub: — de civitate autem Neapolitana cum castellis et territoriis ac finibus et insulis suis sibi pertinentibus, sicuti ad easdem aspicere — videntur, hat wohl den Zweck, die Stadt Neapel und Umgegend, soweit nicht der Papst Rechte nachweisen konnte, von der Verleihung auszuschliessen.

Eine Erweiterung des Ludovicianum bringen die Sätze: Necnon patrimonium Siciliae, si deus nostris illud tradiderit manibus. Simili modo civitatem Gaetam et Fundim cum omnibus earum pertinentiis. Dass der Papst auf Gaeta und Fondi Rechte hatte, zeigt Sickel 141; dass in Sizilien reiche ehe-

---

[1]) Ueber die Kirche macht Simson im Neuen Archiv XV, 575 weitere Angaben.

malige Patrimonien lagen, ist bekannt. Doch Otto giebt sein Versprechen nur mit Beschränkung.

Endlich schenkt der Kaiser (offerimus) noch zu seinem und seines Sohnes Seelenheil sieben Städte in Spoleto. Wir sahen eben, dass er demnach nicht das gesamte Herzogtum als päpstliches Eigentum angesehen oder zugestanden hat; er bezeichnet die Städte ausdrücklich als „de proprio nostro regno". Diese Schenkung ist im Grunde genommen die einzige wirkliche Vermehrung des Besitzes der Päpste über ihre altbegründeten oder alterhobenen Ansprüche hinaus, wie sie Ludwig der Fromme urkundlich festgelegt hatte. Dass Otto noch eine besondere Beigabe machte, war bei der Lage der Dinge erklärlich.

Den Schluss des ersten Abschnittes bilden die folgenden Absätze des Ludovicianum über den Zins in Tuscien und Spoleto und die Zusicherung der päpstlichen Verwaltungs- und Regierungsrechte bis: valeant optineri.

Es fehlt jedoch der Schlusssatz: nullamque in eis nobis partem aut potestatem disponendi vel iudicandi subtrahendive vel minorandi vendicamus, nisi quando ab illo, qui eo tempore huius sancte ecclesie regimen tenuerit rogati fuerimus. Jeder Schein einer kaiserlichen Obergewalt wird demnach beseitigt, überall und allein erscheint der Papst als Herr. Ich komme noch darauf zurück.

Im zweiten Teile der Urkunde tritt ein anderes Leitmotiv ein, das als „pactum et constitutio ac promissionis firmitas Eugenii pontificis successorumque illius" bezeichnet wird. Ein solches „Pactum" ist nicht überliefert, doch wird es ersetzt durch zwei uns erhaltene Stücke vom Jahre 824, die sogen. Constitutio Romana mit dem beigefügten Sacramentum Romanorum, bei Boretius M. G. Capitularia regum Francorum I, 322. Vielleicht sind diese Stücke selbst unter dem Pactum gemeint.

In ersterer Stelle ist jener Eid der Römer umgestaltet zu Anordnungen über die Papstwahl. Klerus und Volk von Rom sollen sich verpflichten, dass künftighin die Papstwahl in kanonischer und rechtmässiger Weise geschehe und der Erwählte erst geweiht werden dürfe, nachdem er in Gegenwart der kaiserlichen Missi und des Volkes: faciat promissionem pro omnium satisfactione atque futura conservatione, qualem domnus et venerandus spiritalis pater noster Leo sponte fecisse dinoscitur. Die letzten Worte sind eine Nachbildung des Sacramentum von 824: cum iuramento, quale dominus Eugenius papa sponte pro conservatione omnium factum habet per scriptum.

Wer ist nun dieser Papst Leo? Die Gelehrten haben geschwankt zwischen Leo III. (795—816) und Leo IV. (847 bis 855). Nur Simson hat im Neuen Archiv XV, 578 sich dagegen ausgesprochen und auf Leo VIII. gewiesen. Sicherlich mit Recht; kein anderer ist gemeint, als Leo VIII., derjenige Papst, welcher nach der Absetzung Johanns XII. gewählt und am 6. Dezember 963 geweiht wurde.

Der ausschlaggebende Grund ist die Bezeichnung „venerandus spiritalis pater noster". Mag die Urkunde noch so schlecht formuliert sein, es ist ganz undenkbar, dass der Kaiser einen vor mehr als einem Jahrhundert verstorbenen Papst seinen geistlichen Vater nannte. Der so Ausgezeichnete muss noch unter den Lebenden wallen, und er ist es, der in Person den fraglichen Eid geleistet hat. Ebenso war es ja auch 824 Eugen II. selber gewesen, der den Schwur ablegte.

Ein solches Ergebnis, das auf die gesamten Vorgänge ein neues Licht wirft, bedarf näherer Erörterung. Ist die Annahme richtig, so kann die Urkunde natürlich nicht, wie die Datierung besagt, am 13. Februar 962 ausgefertigt, sondern sie muss später ausgestellt sein. In dem ersten Abschnitt erscheint lediglich Johann XII. als Papst, auch er einmal mit dem Titel „spiritalis pater noster" geehrt, und zwar gerade an der Stelle, wo Otto zu der Bestätigung der alten Gerechtsame seine neue Gabe, die spoletinischen Städte, hinzufügt, die also dieser Papst zuerst und von Otto, nicht durch die Vorgänger erhält. Der längst verstorbene Papst Hadrian I. wird, wie im Ludovicianum, nur „sanctae memoriae" genannt.

Wie textlich, so zerfällt unsere Urkunde auch zeitlich in zwei gesonderte, die nur äusserlich unter dem alten Datum zu einer Einheit verschmolzen sind. Ein solcher Fall ist ja in der Diplomatik keineswegs unerhört und kann nicht den Verdacht der Unechtheit begründen.

Wir müssen erst einen Blick zurückwerfen auf den geschichtlichen Zusammenhang. Bekanntlich hatte Johann XII., von Berengar und Adalbert bedrängt, selber den deutschen König herbeigerufen. Für Otto musste die Aufforderung höchst willkommen sein; hatte er doch 951 es aufgeben müssen, nach Rom zu ziehen, weil Papst Agapet II. sich weigerte, ihn dort zu empfangen. Er kam demnach als Verbündeter des Papstes und war diesem zu Danke verpflichtet. Selbstverständlich stellte Johann seine Bedingungen, die wir durch das sogen. Sacramentum Ottonis kennen. Die Nebenfragen, die mit diesem verknüpft sind, können wir hier beiseite lassen; vermutlich hat Otto das eidliche Versprechen zum erstenmal schon in Deutschland gegeben und dann in der Peterskirche bei der Krönung wiederholt. Er gelobte, den Papst und die Kirche nach besten Kräften zu fördern, den Papst weder an Leib noch Gut zu schädigen, in Rom weder ein Placitum zu halten noch Anordnungen über die Römer zu treffen „sine tuo consilio", und alles Eigentum des heiligen Petrus, das in seine Hände kommen werde, zurückzuerstatten. Denselben Eid sollte derjenige leisten, dem der König das italische Königreich anvertrauen würde (commisero)[1]. Man hat aus der letzteren Bestimmung geschlossen, Otto hätte damals über die künftige Regierung Italiens noch keinen festen Entschluss gefasst; ich vermute eher, es war nur eine Sicherung des Papstes für alle Fälle. Diese Zusagen waren höchst günstig für den Papst, wie sie auch nicht anders sein konnten. Nur die Bestimmung über die Gerichtsbarkeit in Rom räumt Otto ein gewisses Recht ein, doch nur ein schwaches; denn „consilium" bedeutet wohl mehr als einfachen Beirat, und ist stärker zu fassen, bis an Zustimmung, Genehmigung streifend[2]. Der Papst gelobte dafür eidlich dem Kaiser Bundestreue gegen dessen Feinde.

Nachdem Otto am 2. Februar die Krone empfangen hatte, folgte die Ausführung des Gelöbnisses, indem vermutlich der

---

[1] Mon. Germ. Constitutiones I, 20 ff.
[2] So heisst es kurz vorher in der Eidformel in vier Synonymen: sua voluntate aut suo consensu aut suo consilio aut sua exhortatione. Auch Liutprand braucht das Wort in stärkerem Sinne, vgl. Hist. Ott. c. 1, Legatio c. 50.

Papst seine Ansprüche erhob und urkundlich nachwies. Infolgedessen wurde am 13. Februar die Beurkundung vollzogen, der erste Teil unseres Diploms. Otto verbürgte die Besitzungen des heiligen Petrus, die er durch eigene Vergabung mehrte. Diese Gebiete fielen dem Papste als freier Besitz zu, nicht unter der Oberherrlichkeit des Kaisers, der sogar sein Herrschaftsgebiet als „regnum nostrum" von dem päpstlichen scheidet. Mit dieser gegenseitigen politischen Stellung wird zusammenhängen, wenn statt der im Ludovicianum gebrauchten Worte „statuo et concedo" hier „spondemus et promittimus" steht[1]). Ludwig redete als Oberherr, Otto als Verbündeter zu einem Gleichberechtigten. So erklärt sich am besten politisch die gewählte Form. Weniger Gewicht für die Erklärung von „spondemus et promittimus" lege ich auf den Umstand, dass Otto diese Länder meist noch nicht besetzt hatte, obschon er später ganz im Rechte war, wenn er die Beschwerden Johanns mit der Bemerkung zurückwies, er könne ihm doch nicht Gebiete ausliefern, ehe er sie erobert hätte. (Liutprand, Hist. Ott. c. 6).

Es ist durchaus nötig, im Auge zu behalten, wie Kaiser und Papst in dem damaligen Augenblicke zu einander standen. Otto war gekommen auf Johanns Wunsch, er musste auf diesen als den thatsächlichen Herrn von Rom Rücksicht nehmen. Daher konnte er den Bogen nicht allzu straff spannen, namentlich noch nicht Rechte auf die Papstwahl verlangen. Am wenigsten durfte er in seine Urkunde Beleidigungen gegen das Papsttum, wie es in Johann verkörpert war, aufnehmen. Mit solchen beginnt in der That der zweite Teil, wenn Otto die dort getroffenen Bestimmungen mit den Worten begründet: propter diversas necessitates et pontificum inrationabiles erga populum sibi subiectum asperitates retundendas. So vermochte Otto erst nach dem Sturze Johanns zu sprechen, da ja der Papst durch seine Gewaltthaten viele Römer gegen sich aufgebracht hatte.

---

[1]) Es fällt auf, dass Otto seine Verheissungen nur Johann, nicht auch, wie es im Ludovicianum steht, dessen „successoribus in perpetuum" macht. Vielleicht ist auch hier nur eine Auslassung geschehen, denn in den späteren Artikeln 11 und 12 sind die successores aufgenommen.

Das Verhältnis zwischen Otto und Johann war auf die Dauer unhaltbar und musste zum Bruche führen. Ich verfolge die bekannten Einzelheiten nicht weiter und hebe nur hervor, dass Liutprand c. 8 berichtet, die Römer hätten geschworen: nunquam se papam electuros aut ordinaturos praeter consensum et electionem domini imperatoris Ottonis — filiique ipsius regis Ottonis. Damit gewann der Kaiser einen rechtlichen Einfluss auf die Papstwahl. Doch stellen Liutprand, sowie auch der Continuator Reginonis die Erhebung Leos VIII. als Werk der römischen Geistlichkeit und des Volkes dar, und in unser Privileg ist das kaiserliche Anerkennungsrecht nur insoweit aufgenommen, dass der neu Erwählte vor den kaiserlichen Missi erst jenen Eid ablegen muss. Ueberhaupt ist die ganze Bestimmung nicht eigentlich dazu da, um den kaiserlichen Einfluss auf die Wahlen zu sichern, sondern um Otto den guten Willen der Römer zu verschaffen. Denn der Eid, den der Papst ablegen muss, gilt offenbar der Verpflichtung, den Römern ihr Recht zu gewähren.

Recht deutlich tritt die Einfügung des ganzen zweiten Teiles in den eigentümlich gefassten Einleitungsworten des folgenden Absatzes hervor: Preterea alia minora huic operi (!) inserenda previdimus. Es folgen im grossen und ganzen Anordnungen über die Gerichtsbarkeit in Rom, entnommen der Constitutio Romana von 824, die uns nicht näher beschäftigen sollen. Der ganze Ton der zweiten Abteilung ist wesentlich anders, als in der ersten; in dieser redet der ergebene Freund des Papstes Johann, in jener der Herr der Stadt Rom.

Wie mir scheint, ist bei dieser zweiten Ausfertigung auch am Kopfe der Urkunde ein Zusatz gemacht worden, nämlich: una cum Ottone glorioso rege filio nostro divina ordinante providentia. Denn wenn von Anfang an beide Aussteller waren, so stimmt damit nicht recht überein, wenn später zweimal der Text lautet: pro nostrae animae remedio nostrique filii et nostrorum parentum. Liegt nicht auch nahe, dass Johann nur mit Otto persönlich abschloss, nicht sich gleich für dessen Sohn verpflichtete? Damit trifft zusammen, dass das Sacramentum Ottonis nichts vom Sohne sagt. Erst als Otto durch den Abfall des Papstes freie Hand bekam, sicherte er auch seinem Sohne die Zukunft und das Kaisertum.

Der Schluss der Urkunde wurde wieder unverändert mit der Zeugenschaft aus der ersten Urkunde übernommen. Auffällt die Formulierung des Datums: anno vero domni Ottonis imperii invictissimi imperatoris XXVII. Weiland (Constitut. 24) wollte daraus auf Fälschung schliessen, aber wahrscheinlicher ist, dass der Schreiber hier wie an anderen Stellen Verwirrung hereingebracht hat, die er des schöneren Aussehens seines mühseligen Prachtwerkes halber nicht änderte.

Die Gebiete, welche Otto der römischen Kirche überwies, haben also bei weitem nicht den Umfang, wie bisher angenommen wurde. Sie sind nicht viel mehr, als eine Bestätigung des Ludovicianum, nur dass dem Papste durch die Aufnahme der Stelle aus dem Papstbuche aufs neue Gelegenheit gegeben wurde, noch etwaige andere Ansprüche auf Einzelbesitz wiederum geltend zu machen. Die Urkunde ist demnach keineswegs widersinnig und gedankenlos zusammengeschrieben, mit dem Hintergedanken, dass sie eben nur ein Blatt Pergament sein sollte. Wir dürfen von Otto und den damaligen Staatsmännern besser denken. Ein ganz klarer und sinngemässer Verlauf der politischen Dinge stellt sich heraus. Ja, noch mehr! Kaiser Otto I. kann wie Karl der Grosse ebenfalls von dem Vorwurfe des Treubruches entlastet werden. Wir dürfen sogar annehmen, dass er seine Zusage erfüllt hat. Liutprand hat das mehrmals behauptet. In der Hist. Ott. c. 2 sagt er bei Gelegenheit der Kaiserkrönung: solum propria non restituit, verum etiam — muneribus honoravit. Er lässt dann c. 6 Otto sagen: Omnem terram sancti Petri, quae nostrae potestati proveniret, promisimus reddere. Eingehender noch äussert sich Liutprand in der Schrift über seine 968 angetretene Gesandtschaft nach Konstantinopel. Dem Kaiser Nicephorus erklärt er c. 5: (Dominus meus) sanctorum apostolorum vicariis potestatem et honorem omnem contradidit. Noch ausführlicher und deutlicher spricht Liutprand c. 17: Sane quicquid in Italia, sed et in Saxonia, Bagoaria, omnibus domini mei regnis est, quod ad apostolorum beatorum ecclesiam respicit, sanctissimorum apostolorum vicario contulit. Et si est, ut dominus meus ex his omnibus civitates, villas, milites aut familiam obtineat, Deum negavi. Cur imperator (Constantinopolitanus) vero non itidem facit, ut ea, quae suis insunt regnis, apostolorum ecclesiae reddat?

Wer aber dem Cremoneser keinen Glauben schenken will, der kann sich an den wackeren Continuator Reginonis halten z.. J. 967: (imperator) apostolico Johanni (XIII.) urbem et terram Ravennatium aliaque complura multis retro temporibus Romanis pontificibus ablata reddidit.

Nach dem Tode des gewaltigen Herrschers traten freilich in Italien Veränderungen ein, infolge deren die Päpste das durch ihn Erlangte wieder verloren.